国　际　法　文　库

黄进　总主编 | 肖永平　执行主编

| 译著系列　霍政欣 主编 |

Recognition and Enforcement of Foreign Judgments in Asia

外国判决在亚洲的承认与执行

[新加坡] 张瑞苓(Adeline Chong)　主持

郭玉军　等 译

法律出版社
LAW PRESS·CHINA

亚洲商法研究所概况

亚洲商法研究所（Asian Business Law Institute，ABLI）是一所设立在新加坡的研究所。该研究所发起、主导和促进各类研究并形成权威文本，旨在为亚洲法律发展领域提供实务指导，促进亚洲商法之间的趋同。

免责声明

各报告人表达的观点并不必然代表编辑、亚洲商法研究所、出版社（Academy Publishing）和新加坡法律学会（Singapore Academy of Law，SAL）的观点。在已尽一切努力确保本报告所包含的信息正确无误的同时，各报告人、编辑、亚洲商法研究所、出版社和新加坡法律学会对于本出版物中的任何错误和疏漏，以及任何人因信赖本出版物之全部或任一部分内容而采取或未采取的任何措施或由此而产生的任何后果，不承担任何责任。

The Secretariat
Asian Business Law Institute
1 Supreme Court Lane
Level 6
Singapore 178879
Tel No: (+65) 6332 4388
E-mail: info@abli.asia

翻译人员

郭玉军　　武汉大学国际法研究所教授，法学博士。
甘　勇　　武汉大学国际法研究所副教授，法学博士。
邹国勇　　武汉大学国际法研究所副教授，法学博士。
梁雯雯　　武汉大学国际法研究所副教授，法学博士。
朱　磊　　武汉大学国际法研究所副研究员，法学博士。
向在胜　　中南财经政法大学法学院教授，法学博士。
霍政欣　　中国政法大学国际法学院教授，法学博士。
马明飞　　大连海事大学法学院教授，法学博士。
李　洁　　山东大学法学院讲师，法学博士。
张文亮　　中国人民大学法学院副教授，法学博士。

翻译分工

封面、目录、前言、导论——邹国勇译，郭玉军校。
澳大利亚——张文亮译，梁雯雯校。
文　　莱——马明飞译，李洁校。
柬 埔 寨——马明飞译，李洁校。
中　　国——郭玉军译，向在胜校。
印　　度——李洁译，马明飞校。
印度尼西亚——李洁译，马明飞校。
日　　本——张文亮译，郭玉军校。
老　　挝——梁雯雯译，郭玉军校。
马来西亚——郭玉军译，向在胜校。
缅　　甸——向在胜译，甘勇校。
菲 律 宾——向在胜译，甘勇校。
新 加 坡——朱磊译，霍政欣校。
韩　　国——霍政欣译，朱磊校。
泰　　国——甘勇译，郭玉军校。
越　　南——郭玉军译，向在胜校。
全书最后由郭玉军负责审校统稿。

译著免责声明

本出版物中的信息，系由各报告人提供并由相关译者翻译，仅供您参考，不应作为对任何具体问题的法律意见或其他意见。译者在已尽一切努力确保本出版物翻译正确无误的同时，对于本出版物中的任何错误和疏漏，以及任何人因信赖本出版物之全部或任一部分内容而采取或未采取的任何措施或由此产生的任何后果，不承担任何责任。

本简编原版以英语出版。中文译本由郭玉军、甘勇、邹国勇、梁雯雯、朱磊、向在胜、霍政欣、马明飞、李洁和张文亮翻译，郭玉军教授审校统稿，并不是原版作品的一部分。亚洲商法研究所（ABLI）不确认本翻译的准确性，且对本翻译不承担任何责任。本简编的原始英语版本为权威版本。若原始英语版本与中文译本存在任何差异，则应以原始英语版本为准。

总序一

当今之世界，随着全球投资贸易不断增长，科学技术特别是信息技术飞速进步，通信和交通日益便捷，人文交流蓬勃发展，经济全球化、政治多极化、文化多元化、社会网络化、法律趋同化已成为天下大势。在这种背景下，作为国际社会最为重要的行为规范，国际法在全球治理中发挥着不可替代的作用。

今日之中国，秉持“创新、协调、绿色、开放、共享”五大发展理念，正在全面建设小康社会、全面深化改革、全面推进依法治国、全面从严治党、全面参与全球治理。在这个过程中，国家始终坚持统筹国内、国际两个大局，于内，追求实现“两个一百年”奋斗目标，追求实现中华民族伟大复兴的中国梦。于外，坚定不移对外开放，参与全球治理；坚持和平发展、合作共赢；积极构建中国特色大国外交，完善对外战略布局，既“请进来”，又“走出去”，加快推进“一带一路”建设；坚决维护国家主权、安全、发展利益，争取良好国际环境，维护世界和平稳定，促进各国共同发展，打造“人类命运共同体”。毫无疑问，坚持统筹国内、国际两个大局，不仅要全面推进依法治国，加强国内法治，而且要在全球治理中高度重视和善于发挥国际法的作用，加强国际法治，推进国内法治与国际法治良性互动，特别是要完善中国自己的涉外法律法规体系，积极参与国际规则的制定，增强中国在国际法律事务中的话语权和影响力，运用法治思维和法治方式依法处理涉外事务,强化涉外法律服务,加强国际法治合作。

当下之中国国际法学界,经过改革开放 30 多年的建设和发展,可以肯定地说,国际法学科体系不断健全,学术队伍不断壮大,国际学术交流与合作不断拓展,学术水平和创新能力不断提高,培养了一大批国际法专门人才。而且,广大国际法专家学者解放思想、实事求是、求真务实、与时俱进,深入研究和回答中国改革开放面临的国际法理论和实践问题,产出了一大批有分量的学术成果,为国际法学的繁荣发展和国家改革开放及现代化建设做出了重要贡献。但应该指出的是,中国国际法学领域还存在一些亟待解决的问题。比如,国家缺乏整体的国际法学科发展战略规划,国际法学科建设放任自流,各国际法机构各自为阵;国际法人才队伍学术原创能力和解决实际问题的能力不强,活跃在世界国际法舞台的人才不多,总体素质亟待提高;国际法人才培养体系不健全,德行教育与知识传授相分离、理论培养与实践训练相脱离、国内培训与国际培训相隔离;国际法学术研究缺少精品力作,还没有产出具有广泛国际影响的创造性思想成果和理论成果,在国际规则制定和国际法律事务中的话语权和影响力不大。可以这样说,中国国际法学界目前在学术命题、学术思想、学术观点、学术标准、学术评价、学术话语上的能力和水平同中国综合国力和国际地位还不太相称。

综上所述,国际法在国际社会中的重要地位日益凸显,中国全面推进依法治国、对外开放、参与全球治理,亟须掌握和运用国际法,中国国际法学界仍处于有数量缺质量、有专家缺大师以及作用没有充分发挥出来的状态。我们所处的时代表明,这是一个需要国际法的时代,这是一个需要国际法理论创新而且一定能够产生国际法新理论的时代,这是一个需要国际法思想而且一定能够产生国际法新思想的时代。所有这些,正是我们编辑出版"国际法文库"以推动国际法学繁荣发展的初衷。

"国际法文库"将坚持兼容并包、思想自由。主张立足中国、借鉴国外,挖掘历史、把握当代,关怀人类、面向未来,着力推进构建既具有中国特色、中国风格、中国气派,又能进入世界学术话语体系的国际法学。

"国际法文库"将坚持问题导向。面对中国改革开放的新常态、国际局势的新变化,世界范围内各种思想文化交流交融交锋的新形势,只有聆听时代的声音,回应时代的呼唤,认真研究国家深化对外开放、全面参与全球治理的重大而紧迫的问题,才能真正把握历史脉络,找到发展规律,推进国际法理论创新和全球治理实现良法善治。

“国际法文库”将坚持跨学科研究。国际法律问题涉及国际社会生活的方方面面,具有跨学科性,需要从多学科视角,运用学科交叉融合的方法,进行跨学科研究。也就是说,对于国际法律问题,不仅要从国际公法、国际私法、国际经济法等国际法学视角进行研究,而且还要从宪法、行政法、民商法、刑法、诉讼法等国内法学视角进行研究;不仅要从法学视角进行研究,而且还要从国际政治、世界历史、全球经济、人类社会变迁、多元文化交融、地球生态文明等视角进行研究。跨学科研究在于坚持用联系的发展的眼光看待问题,增强研究的整体性、系统性、协调性、战略性,促进问题合情、合理、合法的解决。

“国际法文库”将坚持创造创新。创新是一个民族进步的灵魂,也是引领理论发展的动力。创新,就是有所发现、有所发明、有所创造。国际法理论的生命力在于创新,只有不断进行探索,才能推进国际法思想创新、知识创新、理论创新、制度创新、方法创新。国际法理论创新要从问题开始,发现问题、筛选问题、分析问题、研究问题、解决问题的过程就是创新的过程。国际法理论创新不必贪大求全,发现新事实、新材料、新现象是创新,阐明一个新原理、提出一种新学说、揭示一条新规律是创新,发明一项新技能、找到一条新路径、创造一种新方法也是创新。

“国际法文库”设专著系列、译著系列、实务系列、文集系列,是法律出版社与武汉大学国际法研究所共同打造的学术品牌。法律出版社在中国出版界特别是法学、法律出版领域的龙头地位自不待言。这里有必要对武大国际法所多说几句。武大国际法所是我国著名法学家、教育家、国际私法一代宗师韩德培先生于1980年创办的,是我国高校设立的第一个国际法研究所。该所自创立以来,自强不息,追求卓越,先后培养了一大批已在学术和实务方面崭露头角的国际法专门人才,先后产出了一大批具有较高水平的国际法学术成果,先后两次被评为国家级重点学科,2000年被确定为教育部人文社会科学重点研究基地,2015年入选首批国家高端智库。可以肯定地说,武大国际法所是当今中国国际法领域的学术重镇,不断推进中国国际法人才培养、科学研究和新型智库建设,不仅是它义不容辞的责任,更是它崇高而神圣的使命。正是基于这种情怀,武大国际法所与法律出版社携手合作,设立了这个“国际法文库”。这是为中国国际法学界开辟一块新的学术园地,建造 个新的学术舞台。“国际法文库”是自由、开放、包容、多元的,海内外的国际法同仁都可以在这块园地里辛勤耕耘,春播夏种、秋收冬藏;也都可以在这座舞台上翩翩起舞,崭露头角、一展锋芒。我真诚希望,所有以国际法为志业、立志为中国国际法事业做出贡献的海内外同仁,都能把“国际法文库”视为我们共同的国际法事业的一部分,关心之、支持之、帮助之、鞭策之,勿忘初心、久久为功,去迎接我们共同期待的中国国际法学界百花齐放、百鸟争鸣的春天。

是为序。

*

2016年12月1日于北京

---

* 黄进,中国政法大学校长,法学教授,中国法学会副会长,中国国际私法研究会会长。

总序二

随着中国日益接近世界舞台的中央，我国迫切需要加强国际法律共同体建设，利用国际法维护世界和平和人类命运共同体以及可持续发展，保障中国的正当利益。因此，不管是国际法制度构建，还是国际法理论创新，抑或是国际法实践引领，中国都需要从“被动适应者”向“主动引领者”转变。

由我国著名法学家、教育家、社会活动家、国际私法一代宗师韩德培先生创办的武汉大学国际法研究所是1980年由原国家教委批准成立的中国高校第一个国际法研究机构；1981年设立博士点；1995年建立博士后流动站；1996年被列为“211”工程重点建设单位，2000年被教育部批准为普通高等学校人文社会科学重点研究基地；2004年被批准为“985”工程哲学社会科学创新基地；2015年被中宣部确定为首批国家高端智库试点建设单位。她一贯秉持国际公法、国际私法、国际经济法的全面和综合研究，积极拓展联合国法、欧洲联盟法、国际能源法、电子商务法、国际发展法、国际网络法、国际投资法、国际金融法、国际体育法、世贸组织法、海洋法和海商法等前沿学术领域，形成了学科研究方向齐全、学科发展水平一流、咨政服务能力突出、教学科研成果领先的鲜明特色。

但是，不管是作为教育部的人文社会科学重点研究基地，还是作为国家高端智库，仅仅依靠一个研究所的力量难以实现中国国际法理论的创新,难以实现中国从国际法的“被动适应者”向“主动引领者”的转变。当下,中国面临的问题在全球化进程中愈发凸显其复杂性,许多问题往往需要从不同学科、不同视角、不同谱系进行合理的理论解释、作出正确的政策选择;而不同学者、学术机构、智库在不同领域具有相对优势,或者因所在区域不同而存在区域政策问题的竞争优势。因此,团结、组织中国国际法学者共同攻关、协同创新是获得国际竞争优势、创新中国国际法理论,进而实现中国从国际法的“被动适应者”向“主动引领者”转变的必由之路。正是出于这种考虑,我们与法律出版社合作出版“国际法文库”,希望集中展示中国学者的国际法著述和学术见解,及时传播国外国际法学界的最新研究成果,协同研究中国面临的重大国际法实践问题,不断增强中国国际法理论的国际话语权,不断提升中国国际法制度的国际吸引力,不断提高中国国际法实践的国际影响力。

因此,“国际法文库”将面向中国国际法理论界和实务界广泛征集选题,通过自荐与他荐相结合的方式,由丛书编辑委员会根据其学术性、思想性和创新性决定出版选题。本文库分为专著系列、译著系列、实务系列和文集系列。

专著系列旨在集中呈现中国学者在国际法领域的理论研究成果,引导中国国际法学界关注国际学术动态、设置前沿学术议题、营造良好学术风气,推动中国国际法理论创新。以学术性和创新性为选题标准,主要出版中国学者关于国际法领域具体问题的创新性研究成果。

译著系列旨在全面推介国际社会国际法理论的经典著作和最新成果,促进中外国际法理论的交流与交锋,促使中外国际法实践的互动与创新。以思想性与新颖性为选题标准,主要出版国际社会在20世纪90年代以后创作或再版的国际法著作的译作。

实务系列旨在在中国国际法理论研究和实践运用之间架起桥梁,促使中国国际法研究更加贴近国家和社会的现实需要,在国际法理论的支撑下运用国际法规则分析和解决实践中出现的问题。以对策性与实用性为选题标准,主要出版针对实践中的国际法问题,特别是与中国密切相关的国际法问题的著作,强调贴合国家对外交往实际需要,关注操作层面的问题选择、分析和解决方案。

文集系列旨在及时反映中国国际法学界举办的学术会议成果,提高学术交流的质量,加强学术交流的深度,扩大学术交流的影响。以新颖性与可行性为选题标准,主要出版能够设置学术议题、引领理论前沿的论文集。

我们相信,在中国国际法学界同仁的关心、支持与积极参与下,“国际法文库”一定能够实现上述目的,为中国国际法的理论创新、制度变革和实践引领贡献她应有的智慧、发挥她应有的作用。

*

2017 年元旦于武汉

* 肖永平,武汉大学国际法研究所所长,长江学者,法学教授,中国国际私法研究会常务副会长。

前 言

这部著作极为重要，所载的内容当属一流。这个项目雄心勃勃，虽不可避免地会面临固有的困难，但它仍是一项极为卓越的成就。请让我来对这些要点简单地逐一说明。

第一，这部著作极为重要，这是因为：即使在国内，原告获得的判决能得到执行对他（她）而言至关重要（倘若不是最为重要的），由于这代表了诉讼过程的终结和诉讼结果的来之不易。当该判决是一个外国判决时，就必须采取一些额外的步骤。在原告为了判决能得到执行而采取必要的步骤或程序之前，该外国判决本身必须被判决寻求执行所在地的法院承认。然而，所涉的承认程序在不同法域有所不同。的确，除非存在一个真正混合式的制度，否则不同的法域本身常常被区分为普通法法域和民法法域。同时，即便在每个法域（普通法法域或民法法域）内部也常常存在差异。在这些多方面、多因素的情形下，如果没有必要的知识储备，将会面临诸多困扰（甚至是挫败）。因此，这部著作的重要性不言而喻。事实上，鉴于增强的（和不断增强的）全球化和国际化［以及由此带来的外国判决需要被承认和执行的情况已经（和正在变得）越来越频繁］趋势，这部著作比以往呈现出更重要的意义。由此引入第二点。

第二，即使匆匆一瞥本报告的不同章节，也能发现：本报告的质量，将确保本项目的核心目标（如上文所述)一定能得到实现。每篇国别报告尽管都很简洁,但不简单。这并不令人感到意外,因为每一位作者在有关外国法院判决在他(她)所在法域承认与执行方面,都是法律专家。诚然,只有专家方能这样熟练地提炼相关素材。每一篇国别报告都通俗易懂,而更为重要的是,它不仅使读者概要性地获知外国判决如何在特定的法域内得以承认与执行,还可以了解一国如何以可行的方式实施必要的步骤。通过阅读不同国家的报告,本人受益匪浅,也为这部著作的广度深深折服。它不仅仅聚焦于东南亚国家联盟(Association of South East Asian Nations,ASEAN)的国家,也不只关注南亚、东亚或中南半岛。所有这些法域都被包含在内。本著作确实是一部相当重要的精心杰作。它真正体现了每个法域的多样性及丰富性,从很多方面代表了亚洲商法研究所广泛的目标和使命。

第三,正如我在前文所言,这样一个项目的实施事实上是非常困难的。鉴于比较法在前文已经提及的已经增强(和正在增强)的全球化和工业化中的重要性,目前新加坡的各个法学院在为其学生所开设的法学课程中,都将比较法作为其中不可分割的一部分,就不令人感到意外了。然而,在一个重要的法律领域,如外国判决的承认与执行,进行比较法的实践,则完全是另一个问题。这需要开展诸多的协调和实质性的编辑工作。为了这个目的,对于本项目的负责人,新加坡管理大学法学院副教授 Adeline Chong,因促使出版这样一部佳作应予以热烈的祝贺。她寻找合适的报告人,在协调报告人各自的报告中付出的非凡努力(其中部分包括精心拟订章节标题以及与各报告人的常态化联系),以及她对所有章节熟练的编辑工作值得最高的赞誉。我也想向允许我们使用其专业技能知识的所有报告人,以及在项目中精心协助 Chong 教授的 Mark Fisher 和 Sarah Archer,表达最诚挚的感谢。确实,在所有人的共同努力下,这部著作可谓是众人拾柴火焰高。

更令人振奋的是,这部著作为后续的更宏大的项目做了铺垫。这项更宏大的项目包括,考虑在这些看似不同的外国判决承认与执行制度中,能否进行趋同或协调,如果可以,如何实现[例如,采用系列原则并附上评论的方式,像传统的杰作《戴塞(Dicey)、莫里斯(Morris)和柯林斯论冲突法》一样,或者可能是一部示范法,或者包含可以被纳入双边和(或)多边协定的示范条款的实践指南,或者一段核心文本]。这是一段非常有趣且激动人心的探险,在很多方面,这段旅途才刚刚启程。

Andrew Phang Boon Leong

新加坡最高法院上诉法官

2017 年 9 月 1 日

Contents
目录

导 论

项目负责人、编辑：Adeline Chong 博士

新加坡管理大学副教授

1. 近年来,协调承认与执行外国判决的规则之呼声日趋高涨。首先,海牙国际私法会议的判决项目重新启动。该判决项目旨在制定一部广泛的有关承认与执行民商事判决的公约。[①] 其次,2005 年 6 月 30 日海牙《选择法院协议公约》(HCCCA)订立,于 2015 年 10 月 1 日生效。海牙《选择法院协议公约》脱胎于早期进行判决项目谈判所开展的工作。当谈判搁浅时,会议决定,企业对企业(business to business,B2B)背景下的法院选择协议应当予以优先考虑。海牙《选择法院协议公约》的重要原则之一,就是由被选择法院作出的判决能够在《选择法院协议公约》其他缔约国得以承认和执行。迄今为止,该公约已成为 29 个国家[②]法律的一部分,此外还有 4 个国家[③]签署但尚未批准该公约。最后,还有人特别针对亚洲地区作出了努力,如亚洲国际私法原则。这是由一个来自 10 个法域的国际私法学者组成的团体所进行的一次尝试,他们为国际私法的不同方面——包

① 判决项目相关信息,参见 https://www.hcch.net/en/projects/legislative-projects/judgments(accessed 9 October 2017)。

② 欧盟成员国(丹麦除外)、墨西哥和新加坡。

③ 中国、黑山共和国、美国和乌克兰。

括外国判决的承认与执行——起草示范法。[①]

2. 由于亚洲正向更加紧密的经济一体化趋势发展，跨境贸易规模不断增长，因此，协调承认与执行外国判决规则的需求在亚洲尤为迫切。东南亚国家联盟经济共同体（ASEAN Economic Community，AEC）成立于 2015 年，旨在创设一个高度一体化和紧密结合的东盟经济体。[②] 中国的“一带一路”倡议（One Belt One Road initiative，OBOR）追求的是使过去将中国与亚洲其他国家、非洲、欧洲相联系的陆上、海上贸易之路恢复活力。[③] 这两个倡议所涉及的国家，加起来代表着相当大比例的全球市场和全球人口。东盟经济共同体和“一带一路”倡议将提高跨境贸易的数量和规模，不仅仅在亚洲范围内，也包括相邻国家和主要的贸易伙伴。反过来，这自然将导致跨境诉讼——判决的败诉方的财产可能在诉讼发生地之外的其他法域——数量的增长。由此，亚洲外国判决规则的协调看来不仅仅是一个理想的事业，而且对于支持亚洲雄心勃勃的经济计划至关重要。

3. 本项目正是在此背景下构想出来的。除了单纯的经济增长，法律规则的协调将为法律增加清晰度。一些国家很难制定精确严格的规则，因为这些国家在这个法律领域可能几乎没有立法和司法的考量。此外，五花八门的规则可能会使当事人感到困惑，因为当事人不得不应对不同法律之间实质和细微的差别。法律规则的协调将明显提高法律的确定性和判决在区域内的可流动性。

4. 鉴于法律规则的协调显然有益，那么本项目的总体目标，就是确定是否有可能在亚洲范围内实现外国判决承认与执行相关法律规定的协调，如果答案是肯定的，什么方法能够最好地实现协调。本项目涵盖东盟成员国、澳大利亚、中国、印度、日本和韩国。项目将分为两个阶段进行：第一个阶段是本项目范围内各个国家现有规则的收集工作。该国别报告汇编就是项目第一阶段的成果。

5. 该国别报告研究了外国民商事判决的承认与执行规则。尽管一些报告

---

① Weizuo Chen & Gerald Goldstein，“The Asian Principles of Private International Law：Objects，Contents，Structure and Selected Topics on Choice of Law”，（2017）13 *Journal of Private International Law* 411.

② 关于东盟经济共同体的更多信息，参见 http：//asean-org/asean-economic-community/（accessed 9 October 2017）。

③ 关于“一带一路”倡议的更多信息，参见 http：//china-trade-reserch. hktdc. com/business-news/article/The-Belt-and-Road-Initiative/The-Belt-and-Road-Initiative/obor/en/1/1X3CGF6L/1X0A36B7.htm（accessed 9 October 2017）。

人在报告中提及有关家庭法的国际私法案件，并且这些案件确立了一般原则中的要点，但这些国别报告并不涉及有关家庭法事项的外国判决之规则。这些规则涉及对人判决和对物判决，也涉及金钱和非金钱判决，全部都涵盖在国别报告中。

6. 虽然对不同国家法律之间的共性和异性的详细分析将会在项目的第二阶段进行，但此刻提供一些初步的、一般的观察是可以做到的。

7. 本项目范围内的各个国家是普通法法系国家、民法法系国家和混合法系国家的融合。普通法法系国家在承认和执行外国判决上都主要坚持英国的普通法框架。但是，仍然存在一些差异，例如，缺席判决在性质上是否具有终局性、决定性，以及欺诈抗辩的适用范围是否相同。然而，除了一系列问题之外，公平地说，当比较本项目涵盖的每个普通法国家的法律规则时，这些规则并不存在重大差别。

8. 民法法系国家在他们的法律中显示出更多的不同。例如，在审查外国法院的管辖权问题时，各国做法迥然不同，或援引外国法院本国的法律，或依照法院地法律。此外，一方面，也存在似乎根本不承认与执行外国判决的国家。在其他国家，只有当判决执行地国和判决作出国之间签订有承认与执行判决条约时，才承认与执行一项外国判决。另一方面，作为条约关系的替代，其余的民法法系国家要么要求证明本国至少有一项判决曾经在他国得到执行，要么本国的判决将在他国因该他国被请求而得到执行。

9. 前述段落略为提及互惠的要求，在民法法系下，互惠是执行判决的一项先决条件。该要求可能被认为是协调普通法法系和民法法系之间判决规则的最大绊脚石。然而，在一些民法法系国家，有可能发现这些国家正如何逐渐放宽对于互惠的理解和实施。事实上，互惠由于“变成了一只被磨平爪牙的纸老虎”①而备受争议。此外，由于互惠不是普通法规则下的一项要求，所以在本研究中的普通法国家，要么在法规中，要么在有关民事诉讼的普通法典中制定条款，用来处理来自“互惠”国家或法域的外国判决的执行问题。“互惠”国家或法域的认定，是由相关政府决定的。②

① Béligh Elbati, “Reciprocity and the Recognition and Enforcement of Foreign Judgments: A Lot of Bark But Not Much Bite”, (2017) 13 *Journal of Private International Law* 184, at 218.

② 尽管成文法机制为外国判决的执行提供更加直接的程序机制，外国判决仍然必须满足特定的标准，才能使其在该机制下得到执行。

10. 这将我引入下一个问题。当我们对普通法法系和民法法系国家的法律框架进行比较时,就能发现两法系在承认与执行外国判决上有一些共同的标准。互惠要求不是民法法系国家所独有的。对外国法院享有管辖权的要求,以及外国判决具有终局性的要求,在两个法系都存在,当然,这些标准可能有不同的解释。在被许可的抗辩事由方面,两法系中也存在显著的重叠部分。

11. 本汇编涉及 15 个国家,其中 13 个国家都承认外国判决有权得到承认与执行。① 甚至在即使当事人之前已经获得对他有利的判决,还必须基于同一事由重新提起诉讼的两个国家,②在当地诉讼程序中外国判决可能具有效力,因其可以被作为证据采纳。随着外国判决承认与执行的共同标准的现状,这种状况达到融合的目的是有希望的。当然,我们不能忽略不同国家间仍然存在重大差异的事实,但是更有理由相信,在亚洲实现外国判决承认与执行规则之协调并不是空想。本项目的第二阶段将努力克服这个问题。

12. 最后,我想向所有参与本项目的人表达我的谢意。我想要感谢新加坡最高法院的上诉法官 Andrew Phang 阁下,他作为本项目的顾问为本项目指点迷津,进行了详细的指导。亚洲商法研究所学术主任 Yeo Tiong Min 教授和 Pearlie Koh 副教授,一直关注本项目的进展,提供了颇具价值的建议和意见。亚洲商法研究所的两任执行副主任(从众达律师事务所借调)Mark Fisher 和 Sarah Archer 对于本项目第一阶段的完成功勋卓著。我同样感谢 Academy Publishing 出版团队和 Jerald Soon Shao Wei 和 Ava Wang Yuxuan,他们协助了本项目的研究。最后但同样重要的,我想向参与本次项目的每一位国别报告人表达我最诚挚的感谢。他们对于本项目慷慨付出的时间和专业知识,值得最真诚的感谢。

① 至少在原则上,即使在实践中还没有发生。

② 印度尼西亚和泰国。

国别报告

澳大利亚

报告人：Andrew Bell*

出庭律师，Eleven Wentworth Chambers，悉尼；悉尼大学法学兼职教授

A. 导言

1. 在澳大利亚，外国法院判决可以通过两种方式予以执行。首先，对那些与澳大利亚有互惠安排的外国法院来说，其判决可以依据《1991 年外国判决法》（Foreign Judgments Act 1991，FJA）①在澳大利亚各州或领地的最高法院登记，而与澳大利亚有互惠安排的国家已在《1992 年外国判决条例》（Foreign Judgments Regulations 1992，FJR）的附件中指明。除非外国判决的执行登记被撤销，该外国判决在登记地产生犹如当地法院判决的效力，并可以根据该地的程序规则予以执行。其次，对于未在 FJR 附件中列明的国家来说，其判决可通过有关外国判决承认与执行的普通法规则予以执行。②

---

* 现为澳大利亚新南威尔士州上诉法院院长。——译者注

① 根据 2013 年 10 月 11 日生效的《跨塔斯曼法院诉讼程序》（Trans-Tasman Court Proceedings）和《规范性执行协定》（Regulatory Enforcement Agreement），新西兰判决在澳大利亚的执行存在特殊安排。

② See Martin Davies, Andrew S Bell & Paul Brereton, *Nygh's Conflict of Laws in Australia* (LexisNexis, 9th Ed, 2014).

B. 相关制度

2. 依据 FJA 的规定,外国判决承认与执行的互惠安排提供了在澳大利亚通过登记予以执行的基础,FJR 附件列出了互惠安排涵盖的国家。这并不严格地要求存在双边的或多边的协议,只需澳大利亚总督确信"在对方国家,澳大利亚高级法院的判决能够获得实质上的互惠对待"。① 满足该条件的方式之一,便是通过订立双边或多边协议予以实现。

3. 依据 FJA 的规定,包括以下国家在内的大量国家的终局性金钱判决②可以在判决日起的 6 年内在澳大利亚予以登记,且其在登记地产生犹如澳大利亚高等法院判决的效力,除非其执行登记被撤销。

(a)新加坡最高法院(高等法院和上诉法院);

(b)中国香港高等法院(包括初审法院和上诉法院)和终审法院;以及,

(c)韩国最高法院、上诉法院、地区法院、家事法院、专利法院和行政法院。

根据 FJA 第 10(1)条规定,上述法院的终局性金钱判决仅可依据 FJA 在澳大利亚得以执行。

4. 相较而言,若通过澳大利亚普通法上的程序承认外国判决,则需通过重新诉讼的方式予以实现(其诉由在于外国法院的判决确立的一项可予支付的债务之基础之上)。③ 对于该程序来说,应满足四项条件:④(a)外国法院的裁判管辖权能够得到澳大利亚法院的承认;(b)外国判决具有终局性;(c)当事人是相同的;(d)若外国判决是对人判决,则该判决须为一项确定的债务。

5. 确认那些条件是否成立的责任在于依赖该外国判决的一方当事人。该方当事人不仅需要证明外国法院具有国际裁判管辖权,⑤而且需要证明该外国判决依该外国法是终局的。⑥ 一旦该责任得到满足,该外国判决可初步作为一项合法的义务得以执行,除非被告能够证实存在一项或多项外国判决执行的抗辩,这些抗辩包括外国判决是通过欺诈方式获得的,程序公正的缺失,或该外国

---

① 《1991 年外国判决法》第 5(1)条。

② 《1992 年外国判决条例》附表。

③ *Hong Kong and Macao Glass Co v Gritton* (1886) 12 VLR 128; *RDCW Diamonds v Da Gloria* [2006] NSWSC 450.

④ *Benefit Strategies Group Inc v Prider* (2005) 91 SASR 544 at 552 at [18], *per* Bleby J.

⑤ *R v McLeod* (1890) 11 LR (NSW) 218 at 221, *per* Windeyer J. See also para 14 below.

⑥ *Carl Zeiss Stiftung v Rayner and Keeler Ltd* (*No* 2) [1967] 1 AC 853.

判决或其执行有悖于公共政策。[①]

6. 依据普通法，外国判决在澳大利亚的执行无须互惠，[②]互惠并非外国判决执行的理论基础。因此，在满足普通法上的执行要件的情况下，印度尼西亚的判决可以在澳大利亚得到执行，尽管通常认为，包括澳大利亚判决在内的外国判决在印度尼西亚是不能得到执行的。

7. 对于外国判决在澳大利亚普通法中得以执行的理论基础，从未在司法实践中得到阐释，这无疑部分地归因于澳大利亚执行外国判决的相关原则继承于英国普通法，即作为一项债务的初步证据，终局性的金钱判决是具有执行力的。当代外国判决执行的理论正当性被认为建立在相同的支持"一事不再理"（res judicata）和"争点禁反言"（issue estoppel）原则之上，即如果相关当事人参与了某项庭审审理程序或接受某一外国法院的管辖且该外国法院作出了终局判决，那么除非该外国判决受制于上诉审查，其不应被重新庭审审理而应给予效力。

C. 外国对人金钱判决的承认与执行

i. FJA 的立场

8. 依据 FJA 的规定，其第 2 部分适用的国家的法院作出的金钱判决，犹如澳大利亚州或领地的最高法院的判决一样，可以被登记和执行。

9. FJA 意义下的金钱判决是指一定数额的可支付金钱判决，其包括依据原审国法律可支付的利息。根据 FJA 第 6(7)(c)条，登记的外国判决的数额包括利息。而外国判决中涉及税收（除了新西兰税和巴布亚新几内亚所得税），罚金或其他金钱处罚则不可依据 FJA 予以登记。如果外国金钱判决仅仅部分地涉及税收、罚金或处罚，那么该判决中税收、罚金或处罚支付之外的部分可予登记。

10. 依据 FJA 的规定，对于本法第 2 部分适用的情形，予以登记的判决须具有终局性。根据本法第 5(4)条，尽管存在如下情况，外国判决仍具有终局性：

（a）存在针对该判决的上诉；或者

（b）该判决在原审国可能被提起上诉。

11. 如果登记地法院认为债务人已经提起了针对该外国判决的上诉，或者

---

① 参见下文第 16 段。

② *Crick v Hennessy* [1973] WAR 74；*Malaysia-Singapore Airlines Ltd v Parker* [1972] 3 SASR 300 at 304.

债务人有权且打算上诉,那么该法院可以裁定上诉最终裁断之前中止该外国判决的执行,直至某一特定的时间。

12. 如果满足以下条件,那么 FJA 附件所列国家的法院作出的缺席判决可以作为终局判决予以执行:①

(i)判决债务人自愿接受该(外国)法院的管辖权;或者

……

(iii)……就诉讼程序涉及的争议事项,判决债务人在该诉讼程序开始之前即已同意接受该法院或该法院地国法院的管辖权;或者

(iv)……在诉讼程序启动时,判决债务人在该法院地国有居所,或(如为法人团体)公司主要营业地;或者

(v)……(外国)法院诉讼程序涉及的交易是通过或在判决债务人位于该外国法院地国的办公场所或营业地实现的;或者

(vi)……该判决涉及新西兰税中可予支付的一定数额的金钱……

13. 在承认与执行阶段,澳大利亚法院无义务,亦不会审查外国判决的实质内容。这同等地适用于无论是通过 FJA 还是普通法程序执行的外国判决。② 因此,澳大利亚法院不可以因外国法院的事实错误或法律错误或两种错误拒绝承认或执行外国判决,除非所涉及的事实错误或法律错误严重到在澳大利亚执行该外国判决会违背其公共政策或外国诉讼程序涉及程序公正的缺失。

14. 如果外国法院不具备"国际意义上的"庭审审理案件的管辖权,那么澳大利亚法院会拒绝承认或执行该外国金钱判决。在该情形下,外国法院的相关程序和管辖权条款并不相关。依据 FJA 的规定,原审国法院在以下情形下被认为具有管辖权:③

(a)在对人诉讼程序中作出的判决来说,

(i)判决债务人自愿接受原审国法院的管辖权;或者

(ii)判决债务人是原审国诉讼程序的原告,或提出了反诉;或者

---

① 《1991 年外国判决法》第 7(3)(a)条。

② *Godard v Gray* (1870) LR 6 QB 139. See also *Ainsle v Ainsle* (1927) 39 CLR 381 at 402, *per* Higgins J; *Norsemeter Holding As v Boele* (*No* 1) [2002] NSWSC 370 at [14], *per* Einstein J (reversed on other grounds as *Boele v Norsemeter Holding AS* [2002] NSWCA 363); *Benefit Strategies Group Inc v Prider* (2005) 91 SASR 544 at 567, *per* Bleby J; *RDCW Diamonds v Da Gloria* [2006] NSWSC 450 at [31], *per* Rothman J.

③ 《1991 年外国判决法》第 7(3)条。

(iii)判决债务人在原审国法院中是被告,且其在该诉讼程序启动之前已经同意接受该法院或该法院地国的法院对诉讼程序涉及的争议事项行使管辖权;或者

(iv)判决债务人在原审国法院中是被告,且其在该诉讼程序启动时于该法院地国居住或(如为法人团体)拥有主要营业地;或者

(v)判决债务人在原审国法院中是被告,且该法院诉讼程序涉及的交易是通过或在该判决债务人位于法院国的办公场所或主营业地实现的;或者

(vi)该外国判决涉及新西兰税中可予支付的一定数额的金钱。

(b)外国法院的诉讼程序关涉的是不动产或以动产为诉讼标的的对物诉讼,且争议中的财产在原审诉讼程序中处于该外国法院地国……

15. 须注意的是,FJA 第 11 条载明,对外国法院的管辖权提出异议或请求外国法院拒绝行使管辖权并不等同于自愿接受该外国法院的管辖权。

16. 依据 FJA 的规定,在下列情形下,本可予以登记的外国判决应予撤销:[①]

(i)该判决并非或不再适用 FJA 第 2 部分的判决;或者

(ii)该判决登记的数额高于登记日期可予支付的数额;或者

(iii)该判决的登记违反 FJA;或者

(iv)原审国法院对案件不具有管辖权;或者

(v)作为原审法院诉讼程序中的被告,判决债务人并未在充足的时间内收到使其得以抗辩的相关诉讼程序的通知(无论根据原审法院国法判决债务人是否被适当送达)并且未出庭;或者

(vi)该判决是以欺诈的方式获得的;或者

(vii)该判决在原审国法院的上诉或其他程序中被推翻或撤销;

(viii)登记申请人并不享有判决下的权利;或者

(ix)该判决已被撤销;

(x)该判决已被完全履行;或者

(xi)判决的执行违背公共政策,新西兰税中可支付的判决金额除外……

17. 就欺诈而言,对于拒绝承认或执行是否建立在该事项已在外国法院提起或可以在外国法院被提起诉讼的基础之上,澳大利亚司法机构之间存在分歧。对于不同形式的欺诈,并不存在不同的规则。

---

① 《1991 年外国判决法》第 7(2)(a)条。

18. 就公共政策而言，其为针对外国判决本身进行的衡量（而非针对外国法院处理的原始诉因）。

19. 根据 FJA 的规定，如果外国判决与澳大利亚法院作出的涉及相同当事人和诉讼事项的判决存在冲突，那么澳大利亚法院可以撤销本可予以登记的外国法院判决。①

ii. 普通法的立场

20. 在普通法下，除了涉及支付税收②或处罚③之外的外国金钱判决，可以在澳大利亚针对外国判决的债务人执行。④ 该执行延伸至该判决执行之前的可支付利息。与 FJA 的执行规则相类似的若干规则，适用于普通法下外国判决的执行。换言之，外国税收判决⑤或处罚判决⑥不能得到执行，外国金钱判决中除税收、罚金或处罚之外的各部分可以得到执行。⑦

21. 在普通法下，不具有终局性的判决是不可以执行的，尽管特定类型的外国中间判决能够产生"争点禁反言"的效力，其阻止中间判决中终局性裁断的事项将在澳大利亚法院被重新庭审审理。因此，澳大利亚司法判例确立了外国中间判决在对某一特定事项的实质问题（比如，一份合同是否包含排他性的管辖权条款或有关的管辖权条款是排他性的，抑或非排他性的），予以终局性地庭审

① 《1991 年外国判决法》第 7(2)(b)条。

② 这并不适用于属于法定例外情形的新西兰税以及巴布亚新几内亚所得税；参见《1991 年外国判决法》第 3 节中有关可执行的金钱判决的定义。

③ 违反新西兰税法而须支付的处罚形式的税属于少数的法定例外情形；参见《1991 年外国判决法》第 3 节对新西兰税的定义。

④ 有关的主要先例在下列著述中被列出：Martin Davies, Andrew S Bell & Paul Brereton, *Nygh's Conflict of Laws in Australia* (LexisNexis, 9th Ed, 2014) ch 40。

⑤ 无论是直接执行（*Re Visser*: *Queen of Holland v Drukker* [1928] Ch 877），还是通过间接的方式寻求执行外国税收债务的请求均会被拒绝。关于后一种方式，参见 *Government of India v Taylor* [1955] AC 491; *Bath v British and Malayan Trustees Ltd* (1969) 90 WN (NSW) (Pt 1) 44; *Rothwells Ltd (in liq) v Connell* (1993) 119 ALR 538 at 545 – 546, *per* Fitzgerald P and Williams J and at 548 – 549, *per* McPherson JA。

⑥ *Banco de Vizcaya v Don Alfonso de Borbon y Austria* [1935] 1 KB 140.

⑦ *Schnabel v Yung Lui* [2002] NSWSC 15 at [180], *per* Bergin J. 同时参见 *Lewis v Eliades* [2004] 1 WLR 692，该案将不予执行的惩罚性损害赔偿部分与可执行的补偿性损害赔偿部分进行了区分。

审理的情形下，可以对后续的澳大利亚诉讼程序产生"争点禁反言"的效力。[①]

22. 对于在外国法院仍可提起上诉程序的外国判决而言，澳大利亚法院无须拒绝承认或执行。[②] 澳大利亚法院可以通过作出有利于外国判决债权人的判决的方式执行该外国判决，但是其应在外国上诉结果之前中止该澳大利亚判决的执行。[③] 除此之外，在合适的案件中，澳大利亚的执行程序可被中止。[④]

23. 在普通法下，若要使判决可执行，则作出该判决的外国法院须具有"国际意义上"的管辖权。[⑤] 这要求外国诉讼程序中的被告处于外国法院地并收到了相关的诉讼程序的送达，[⑥]或者接受该外国法院的管辖权，这或者是通过出庭应诉，[⑦]或者是借助协议管辖的方式实现的。接受管辖的协议包括排他性的或非排他性的接受外国法院管辖权的协议。在普通法下，如果外国判决的债务人不顾选择法院协议的约定而接受外国法院的管辖权，那么外国判决可以在澳大利亚得到执行。然而，如果接受外国法院的管辖权仅仅是为了抗辩管辖权，包括援引选择法院条款在内，[⑧]则不会被视为接受外国法院管辖。[⑨]

24. 正如同 FJA 之规定，如果缺席判决的债务人接受了外国法院的管辖权，使该法院具有了"国际意义上"的管辖权，那么该缺席金钱判决可以作为普通法

---

① *Makhoul v Barnes* (1995) 60 FCR 572; *Santos v Delhi Petroleum Pty Ltd* [2002] SASC 272 at [399], *per* Lander J; *Ianasmuch Community Inc v Bright* [2006] NSWCA 99 at [60], *per* Beazley JA; *Castillion v P & O Ports Ltd* [2007] QCA 364 at [54] – [58], *per* Holmes JA.

② *Colt Industries Inc v Sarlie* (*No* 2) [1966] 1 WLR 1287; [1966] 3 All ER 85.

③ *JP Morgan Chase Bank NA v PT Indah Kiat Pulp and Paper Corp* [2012] NSWSC 1279.

④ *XPlore Technologies Corp of America v Tough Corp Pty Ltd* [2008] NSWSC 1267.

⑤ *R v McLeod* (1890) 11 LR (NSW) 218 at 221, *per* Windeyer J.

⑥ *Herman v Meallin* (1891) 8 WN (NSW) 38; *Close v Arnot* BC9706194 (21 November 1997) (SC, NSW) Graham AJ.

⑦ 无保留的出庭本身即相当于接受管辖[*Victorian Phillip Stephen Photo Litho Co v Davies* (1890) 11 LR (NSW) 257]，除非出庭是由无代理权限的律师进行的(*Redhead v Redhead* [1926] NZLR 131)，或者应诉依据外国法院的准许或其相关规则被撤销[*Malaysia Singapore Airlines v Parker* (1972) 3 SASR 300]。在外国法院作为原告启动诉讼程序的诉讼当事人受裁判结果的拘束，而不管裁判对其有利与否：*Schibsbyv v Westenholz* (1870) LR 6 QB 155 at 166。而如果被告借助抵销、交叉诉讼或反诉的方式寻求损害赔偿，那么原告亦不得抗辩：*Burpee v Burpee* [1929] 3 DLR 18。

⑧ *Dunbee v Gilman & Co* (*Australia*) *Pty Ltd* (1968) 70 SR (NSW) 219.

⑨ 《1991 年外国判决法》第 11(b)条。然而，如果被告就实体问题进行抗辩，那么这也是接受管辖。参见 *Re Williams* (1904) 2 N & S 183; *Bushfield Aircraft Co v Great Western Aviation Pty Ltd* (1996) 16 SR(WA) 97。

下的终局判决予以执行。而若(外国)判决的债务人未通过协议(如法院或管辖权或接受诉讼条款)或出庭或参与外国诉讼的方式接受外国法院的管辖权,则澳大利亚法院将不会认为外国法院具有国际意义上的管辖权,因而普通法下的执行要件亦未满足。

25. 如前所述,无论是在 FJA 下还是依据普通法,在外国判决的承认和执行阶段,澳大利亚法院均不会被要求亦不会去审查外国判决的实体。

26. 依据普通法,拒绝执行外国判决的根据包括以下几项:

(a)外国判决作出的过程中涉及程序公正的缺失。程序公正可能会涉及庭审审理的缺失,或公平庭审审理的缺失,或者外国法官的偏见。① 外国判决是否因此而被拒绝执行则会受到原审国是否存在上诉权的影响,以及该权利是否已经行使。②

(b)外国判决与澳大利亚已经作出的涉及相同当事人和诉讼标的的判决存在冲突。③ 澳大利亚法院适用普通法上的一事不再理原则与争点禁反言原则,④这些原则,将相同当事人或其利害关系人之间已决诉讼中的诉由或禁反言的争点,排除在可予承认的范围。

(c)外国判决是通过欺诈的方式获得的。⑤

(d)外国判决或其执行违背公共政策。⑥

---

① *Price v Dewhurst* (1837) 8 Sim 279;59 ER 111.

② 对比 *House of Spring Garden Ltd v Waite* [1991] 1 QB 241.

③ *Vervaeke v Smith* [1983] 1 AC 145. See also *E D &F Man* (*Sugar*) *Ltd v Yani Haryanto* (*No* 2) [1991] 1 Lloyd's Rep 429.

④ 在 *Kuligowski v Metrobus* (2004) 220 CLR 363 at 373;208 ALR 1 at 7,[21] 案中,澳大利亚高等法院一致性地采取了 Guest 勋爵在 *Carl Zeiss Stiftung v Rayner and Keeler* (*No* 2) [1967] 1 AC 853 at 935 案中为争点禁反言原则提出的标准。

⑤ 欺诈既包括事实欺诈,也包括衡平法上的推定欺诈概念[比如,*Larnach v Alleyne* (1862) 1 W & W (E) 342]。

⑥ 若外国判决的法律基础不能为被请求国的公共政策所接受,则该判决会被拒绝执行,比如外国判决是关于娼妓工资的判决,儿童抚养费裁定未确定限于儿童未成年时期或其他特定期限的等:*Re Macartney* [1921] 1 Ch 522。以严重违反被请求国法律的方式获得的外国判决,亦会被认定违反公共政策,如胁迫(*Re Meyer* [1971] P 298)或不当影响(*Israel Discount Bank of New York v Hadjipateras* [1984] 1 WLR 137;[1983] 3 All ER 129)的情形。*Nygh's Conflict of Laws in Australia* 一书的作者认为,拒绝执行的公共政策应予狭义地限定,且只有在严重违反澳大利亚公共政策的情形下该拒绝执行的根据方存在正当性;参见 Tamberlin J in *Stern v National Australia Bank* [1999] FCA 1421 at [133] - [147] and Atkinson J in *De Santis v Russo* (2001) 27 Fam LR 414 at 419,[19]。

27. 在普通法下，如果澳大利亚法院面对的是两个相互冲突的外国判决，且这两个外国判决均可予以承认或执行，那么澳大利亚法院如何处理这种情形以决定哪一个外国判决得以承认？据本报告人所知，是不存在相关司法实践的。澳大利亚法院会考虑其他普通法国家处理该情形的做法，[①]然而并不会认为其受到相关做法的拘束。原则上来说，作出时间在先的外国判决将可能具有优先性，并因此得到承认或执行。[②]

D. 外国对人非金钱判决的承认和执行

i. FJA 的立场

28. FJA 规定了执行非金钱判决的条款，如果总督确信澳大利亚法院的全部或部分非金钱判决在所涉国家将被确保实质性互惠，则 FJA 第 2 部分的优待适用于本部分所涉国家法院的全部或部分的非金钱判决。

ii. 普通法上的立场

29. 在普通法下，外国非金钱判决不予执行；然而，依据衡平法，[③]对于外国法院作出的指定财产管理人以及账户扣押等裁判，如果在被告与外国法院之间存在使承认该外国裁判具有正当性的充分关联，澳大利亚法院应给予协助。[④]

30. 就外国财产冻结令（"Mareva 禁令"）的执行而言，从严格意义上说，澳大利亚并不会执行该类裁定。尽管在特定情形下，澳大利亚法院可作出针对外国判决债务人或潜在的外国判决债务人的冻结令，这些特定情形包括澳大利亚法院打算执行该外国判决。这并不要求外国法院亦已作出了 Mareva 禁令或冻结令。[⑤]

E. 外国对物判决的承认和执行

31. 澳大利亚不会执行外国法院作出的针对财产的判决。作为一项基本原则，依据 FJA 和普通法，澳大利亚法院仅仅执行外国金钱判决。

---

① 比如，*Showlag v Mansour* [1995] 1 AC 431。

② *Showlag v Mansour* [1995] 1 AC 431; *People's Insurance Co of China, Hebei Branch v Vysanthi Shipping Co Ltd (The Joanna V)* [2003] 2 Lloyd's Rep 617.

③ *Houlditch v Marquess of Donegal* (1834) 2 CI & F 470.

④ *White v Verkouille* [1990] 2 Qd R 191.

⑤ See *PT Bayan Resources TBK v BCBC Singapore Pte Ltd* (2015) 325 ALR 168; [2015] HCA 36.

32. 依据普通法，有关财产利益的判决可以在澳大利亚得到承认，争点禁反言阻止一方当事人在澳大利亚的诉讼程序中提起与外国判决相悖的立场。

F. 海牙 2005 年 6 月 30 日《选择法院协议公约》

33. 澳大利亚议会预计在 2017 年通过一项议案——国际民法议案，用以实施海牙 2005 年 6 月 30 日《选择法院协议公约》和《海牙国际商事合同法律选择原则》，进而支持国际合同中的当事人在法院选择和法律选择中的意思自治。

国别报告

文　莱

报告人：Colin Ong QC*

圣菲利浦·斯通·钱伯斯律师事务所（伦敦）

A. 导言

i. 文莱法律体系背景介绍

1. 就民商事法律体系而言，文莱效仿英国普通法系的法院和法律体系，由法律、法规、规则和惯例构成一个单一法域。对于诉讼当事人同意上诉到枢密院的案件，英国枢密院的司法委员会仍是所有民商事上诉案件的终审法院。截至 1951 年 4 月 25 日，将英国的法规、普通法和公平原则引入文莱法律（的行为）深受《法律适用法》①的影响。这就意味着，英国法、特别是许多 1951 年之前的英国法规、普通法、公平原则、附属立法和习惯法原则上构成了文莱法的一部分。直到今天，全部文莱上诉法院仍由中国香港终审法院中来自英国和澳大利亚的部分法官或退休的中国香港高等法院的法官组成。文莱法院倾向于将英国上诉法庭的判决作为有说服性的法律依据。

ii. 文莱法中执行外国法院判决概览

2. 争议解决程序最终结果的执行对于任何国际争议机制而言，都是一个严峻的挑战。在涉及许多不同国

---

* 王宇清博士，教授，御用大律师。——译者注

① 2009 年修订版第 2 章。

家当事人的争议中,败诉方在审理案件所在地很可能没有财产。该法院的判决需要在其他有管辖权的法院得到承认与执行。文莱有两套体制调整外国法院判决的执行。一个体制是成文法律,另一个体制是在普通法下操作的。

3. 在文莱,执行外国判决是由 1996 年《互惠执行外国判决法》(Reciprocal Enforcement of Foreign Judgments Act, REFJA)[①]和普通法规则进行规定的。REFJA 作为唯一的法令,对互惠国家的判决自动进行登记和执行。文莱的 REFJA 是建立在 1933 年英国《外国判决(互惠执行)法》基础之上的,[②]并效仿了英国的实践,其条文与英国类似或非常相似。

4. 胜诉方在文莱寻求外国法院的判决执行需要明确:(a)其申请执行的判决的性质;(b)其外国法院的判决是对人还是对物的。

5. 对人判决只适用于判决中特定当事人,并且规定了涉案当事人的全部权利。

6. 对物判决约束了特定的财产,而不是直接约束个人。事实上,对物判决意味着确定财产归属的对世权利。

7. 文莱法院根据普通法规则或 REFJA 执行外国法院作出的有关人或物的民商事判决。

8. 本报告首先研究普通法下承认和执行外国法院对人判决的原则,其次研究 REFJA 承认和执行外国法院对人判决的原则,最后将研究文莱法院承认外国法院对物判决的规则。

B. 互惠执行外国判决法与普通法规则

i. 对人判决

9. REFJA 遵循互惠原则,因此,承认和执行文莱法院判决的国家(详见 REFJA 所列国家)的民商事判决,在文莱也会得到承认。[③]

10. REFJA 第 3(2)条规定该法扩展适用于:

本法所适用的外国高等法院判决,不包括高等法院对非高等法院判决上诉

---

① 1996 年版第 11 部分;2000 年修订版第 177 章。

② 第 13 章。

③ 《互惠执行外国判决法》(2000 年修订版第 177 章)第 3(1)条规定:如果司法部部长确信在文莱高等法院作出的外国判决中实质性互惠待遇在执行方面可以得到保障,他可以直接在宪报上刊登命令——(a)本法适用于那一外国国家;(b)出于本法的目的,在本法中提到的外国法院应视为该国的高等法院。

而作出的判决,将适用本部分规定,如果其满足:

(a)对于双方当事人是最终的、确定性的;

(b)有可支付的一定数量的金钱,不能是税收、罚款或其他罚金之类的金钱……

11. 截至目前,REFJA 所列的"互惠国家"(亦被称为公报刊登国)仅有马来西亚和新加坡。① 对外国法院判决的定义也非常广泛,包括:②

(a)法庭在民事程序中作出的判决或命令;

(b)在刑事程序中向受害方支付的金钱补偿或赔偿;

(c)仲裁裁决。

12. 在文莱,来自公报国家根据 REFJA 登记的外国判决,如同本国作出的判决一样,将被自动地承认和执行。该法所适用的判决仅在该体制下得到承认和执行。③

13. 与 REFJA 成文法机制允许自动承认和执行来自公报国家的外国商事判决不同,当事人仅依据普通法向文莱法院提出的外国法院判决相对比较难得到承认和执行。如果寻求被执行的判决来自非互惠国家(或由互惠国家的非高等法院作出的),商事法院判决能够被执行的基础仅有普通法。与自动承认不同,这要求当事人以外国判决为诉讼请求的证据基础,向文莱法院提起新的诉讼。

14. 原告需要以传票的方式向外国判决中的债务人提起新诉实现债权。从非互惠国家获得外国判决仅被视为有利于原告的证据,支持存在到期未付债务,并且该份外国判决已由非互惠国家的法庭作出。原告随后可以尝试申请简易判决,并附上宣誓书、其他债务证据、从非互惠国家取得的对抗债务人的最终判决复印件。

15. 在高等法院司法常务官不许可简易判决的情况下,当事人可以向内庭法官上诉,以及向上诉法院提出最终上诉。或者是,原告放弃申请简易判决,而是将纠纷通过一般程序进行审判。在文莱,支付判决债务的义务与外国原审法院的诉因是完全分开的。

16. 一般情况下,只要符合特定的条件和程序要求,外国法院所有的对人金

① 《互惠执行外国判决法》(2000 年修订版第 177 章)附录。

② 《互惠执行外国判决法》(2000 年修订版第 177 章)第 2(1)条。

③ 《互惠执行外国判决法》(2000 年修订版第 177 章)第 7 条。

钱判决在文莱都是可以被执行的。[①] 尽管尚无报道，但报告人认为，文莱法院在拒绝承认和执行外国宣告命令、实际履行和永久禁令方面的态度是追随英国的。这是因为 REFJA 第 3(2)(b)条的用语与英国 1933 年《外国判决(互惠执行)法》第 1(2)(b)条是类似的。

17. 如果外国法院的初审判决或命令的效力不是终局的和确定的，那么它们不能得到执行。[②] 这既适用于普通法也适用于成文法下的执行程序。同时，尽管没有关于此方面裁定的报道，但报告人认为文莱法院很可能采取英国的立场，不执行外国的冻结财产的命令。外国判决将会由文莱法院，以英国 1933 年《外国判决(互惠执行)法》下同样的方式和同样的普通法规则，予以执行。

18. 这意味着外国法院的判决或者根据文莱的成文法体系得到承认，或者根据普通法提起诉讼得到执行，只要：

(a)判决是关于案件实体的；

(b)判决有关固定或确定数额的金钱，而不是税金、[③]罚款或其他惩罚；[④]

(c)判决是最终的且确定的；[⑤]

(d)原审法院在管辖权内行事；[⑥]

(e)根据文莱冲突法规则，外国法院有审理案件的国际管辖权；

(f)没有反对执行的抗辩；

(g)就 REFJA 来说，该法适用于互惠国家高等法院作出的判决。

19. 在普通法规则下，没有要求外国法院的判决必须来自该国高等法院的规定。实践中通行的做法是，申请人首先要寻求外国判决能够得到承认，然后

---

① 这一法定机制仅适用于金钱判决(不包括税收、罚款以及处罚)。普通法的规定也是如此。

② 对终局和确定性的含义的讨论，见下文第 21 段。

③ See the decision of Roberts CJ in *DSD Dillinger Stahlbau GMBH v Annie Chong* [1988] 2 MLJ 293 who held (at [35])。"适用普通法的文莱法院是不执行外国税法的参见 *Government of India v Taylor* [1955] AC 491,514，一般原则即税款征收是国家及其管辖范围内那些(人)之间的行政管理事务"。

④ 《互惠执行外国判决法》(2000 年修订版第 177 章)第 2(1)条和第 2(2)条将承认与执行外国对人判决限于金钱判决。另参见 *The Brunei Investment Agency v Fidelis Nominees Ltd* [2008] JLR 337 (Jersey)。

⑤ 《互惠执行外国判决法》(2000 年修订版第 177 章)第 3(3)条规定，即使在原法院所在国的法院正在上诉，或者还有上诉的可能，判决还是具有终局性和确定性。

⑥ 如果有争议的义务在其管辖范围内履行，原法院对该合同争议享有合理管辖权。同样，如果侵害或有害行为在其管辖范围内发生，原审法院对于裁定该侵害或有害行为具有管辖权。

再得到执行。这样做就会提出对判决债务人的争点禁反言,禁止其随后决定出庭反对执行程序。(上述)适用于判决执行的要求同样适用于判决承认,除了外国金钱判决必须有确定的数额之外。

20. 与其他采纳英国普通法为自己普通法一部分的英联邦国家相同,有关金钱支付的外国判决,如果数额是可以通过简单计算确定的,也可以被执行。[①]此外,执行有关金钱的判决不能视为直接或间接执行任何外国的刑事、财政或其他公法判决。[②] 判决的利息可予执行,利息的计算按照原审法院[③]确定的利率来计算,直到在文莱法院登记之日。[④] 一旦外国法院的判决被登记为文莱判决,适用的利率将按照文莱法院的利率,目前该利率为6%/年。[⑤]

21. 为了确定终局性和确定性,外国法院的判决在该外国判决作出法院必须被视为最终的、不可改变的判决。[⑥] 在REFJA中,在原审国法院对原判决提起的上诉未了结或仍具上诉可能并没有什么不同。[⑦] 缺席判决[⑧]和中间判决[⑨]可以是终局的和确定的。

22. 原审法院是否对案件有管辖权这一关键问题是由文莱的冲突法规则判断的。文莱法院认为原外国法院有审理案件的管辖权,只要该判决对判决债务人满足了以下条件:(a)现在的或惯常的居所在管辖领域内,或在诉讼开始时(在管辖领域内)从事经营活动;(b)判决债务人必须自愿参加或同意或应诉认可原审外国法院的管辖;(c)在原审诉讼过程中,判决债务人已经被适当送达原审外国法院的诉讼文书。

23. 同样需要注意的是,这种判决不得是通过欺诈获得的,或根据文莱公共

---

① *Hutchinson v Gillespie* (1856) 11 Exch 798.

② *Huntington v Attrill* [1893] AC 150.

③ *Hawksford v Giffard* (1866) 12 App Cas 122 中枢密院认为,在Jersy的英国审判中,原告可以不按照Jersy最高法院的法定利率而有权依判决按照原英国法院的法定利率来追偿利息。

④ 《互惠执行外国判决法》(2000年修订版第177章)第4(8)条。

⑤ 《最高法院规约》(2001年修订版第5章)O44r18。

⑥ *Colt Industries Inc v Sarlie* (*No* 2) [1966] 1 WLR 1287. See also *Akai Pty Ltd v People's Insurance Co Ltd* [1998] 1 Lloyd's Rep 90.

⑦ 《互惠执行外国判决法》(2000年修订版第177章)第3(3)条规定,即使有上诉的可能,判决还是具有最终性和决定性的,即使正在向原法院所在国的法院提起上诉。

⑧ *Rubin v Eurofinance SA* [2013] 1 AC 236;[2012] UKSC 46. See also *Strachan v The Gleaner Co Ltd* [2005] 1 WLR 3204;[2005] UKPC 33.

⑨ *Gustave Nouvion v Freeman* (1889) 15 App Cas 1. 中间判决为了成为最终性和决定性的判决,必须就当事人在特定问题上权利作出最后决定。

政策,外国法院判决的诉讼原因是文莱法院在登记外国法院判决时不能接受的。要明确的是,诉讼原因本身不能违反文莱的公共政策。同样,外国判决的执行也不能违反文莱的公共政策。①

24. 根据普通法,文莱法院将遵循英国的立场,即一个无论是暂时的还是短暂的存在,足以认定作为被告的自然人与文莱相关。② 然而,需要注意的是,在 REFJA 自动承认和执行判决的情况下,对自然人和法人来说,居所都是非常重要的。③ 当判决债务人是法人时,该法人通过代理商或公司业务代表处在固定的地点从事经营活动超过一定的时间期限,那么可以认定该法人的主营业地或其居所在外国法院的管辖范围内。④ 除了法人的主营业地位于外国的情形,REFJA 同样认为,诉讼过程中通过该法人或在其办事处或营业所完成的交易亦可认定法人在该国境内存在。⑤

25. 判决债务人同意一国法院的管辖可通过行为或协议方式进行。当判决债务人在外国诉讼中采取的措施超过提出管辖权异议,并必然地涉及放弃对法院管辖权异议时,可以视为判决债务人通过行为已服从外国法院的管辖。⑥ 若事实表明(法院)对判决债务人没有违反正当程序的行为,则可视为外国判决债务人已同意原外国法院的管辖。⑦ 这通常发生在判决债务人在外国诉讼中采取明确措施的情况下,如对(债权人向)该法院提出的诉讼请求进行辩护。对于判决债务人来说,就算是参照原审法院所适用的外国法律来理解,他们也会完全有可能采取这些重要的措施。⑧

26. 在民商事法律的很多方面,文莱法院采取的立场与英国法院相似。⑨ 他

---

① 参见下文第 33 段。

② *Adams v Cape Industries plc* [1990] Ch 433.

③ 《互惠执行外国判决法》(2000 年修订版第 177 章)第 5(2)(a)(iv)条。

④ *Adams v Cape Industries plc* [1990] Ch 433.

⑤ 《互惠执行外国判决法》(2000 年修订版第 177 章)第 5(2)(a)(iv)条。

⑥ *Schibsby v Westenholz* (1870) LR 6 QB 155;*Harris v Taylor* [1915] 2 KB 580.

⑦ 如果经常居所地或主要营业地在原审法院的管辖范围内债务人很难绕过该法院判决,但仍有权要求正基本正当程序。

⑧ *Akai Pty Ltd v People's Insurance Co Ltd* [1998] 1 Lloyd's Rep 90. See also *Rubin v Eurofinance SA* [2013] 1 AC 236;[2012] UKSC 46.

⑨ 枢密院在法律冲突领域作了一般性声明"文莱法律与英国法律之间没有实质性区别":*Société Nationale Industrielle Aerospatiale v Lee Kui Jak* [1987] AC 871 at 891 (appeal from Brunei).

们不会允许文莱法院的规则对判决的债务人/被告不公。[①] 当事人还可通过协议在诉讼开始前就诉讼标的达成同意原外国法院的管辖的意思表示。[②] 这种安排通常是通过管辖权协议的方式作出的。文莱法院支持由管辖权协议确定的外国法院作出的判决。一方当事人从管辖权协议规定之外的法院获得判决,本报告人并不认为文莱法院会有任何理由以该判决违反了管辖权协议为由拒绝承认和执行。

27. 文莱不是2005年6月30日的海牙《法院选择协议公约》的缔约国。尽管政府高级官员已经参加了会议,但并未向文莱法学会或其他机构透露在不久的将来会加入该公约的意向。[③] 目前,文莱似乎没有指定任何专家对此事进行研究,同时文莱外交部是否有足够兴趣参加这一公约仍有待观察。

28. 在满足所有上述要求且对承认和执行没有有效抗辩的情况下,根据REFJA规定,外国法院的判决在文莱会被自动承认和执行。

29. 向文莱法院提出的有效抗辩需要包括以下几个方面:

(a)外国法院判决是通过欺诈获得的;

(b)外国法院判决违反文莱的公共政策;

(c)判决的获得违反了自然正义;

(d)外国法院判决与文莱法院判决相冲突;

(e)外国法院判决与根据文莱法有权获得承认的外国法院的较早判决相冲突;

(f)外国判决确定之权利不属于申请登记的人;以及

(g)作为原审法院被告的判决债务人,未及时收到那些诉讼程序通知使其有足够时间行使抗辩权,且其没有出庭。

30. 普通法拒绝承认和执行的理由与成文法非常相似,但并不完全相同。根据REFJA第6(1)条规定,如果判决债务人向文莱法院证明存在未决的上诉

---

① *Murthy v Sivajothi* [1999] 1 WLR 467 at 477D,英国上诉法院认为,一项特殊索赔是否是相关的,以致服从一个案件的管辖应该被解释为服从另一案件的管辖,总是应考虑问题的事实和程度。

② 《互惠执行外国判决法》(2000年修订版第177章)第5(2)(a)(iii)条。

③ 文莱至今只加入了一个海牙公约,这个公约是1961年10月5日《取消外国公文认证要求公约》。

或有上诉的权利且意欲上诉,文莱法院将不会承认和执行外国法院的判决。[①] 在普通法体制内,只有外国法院的判决是最终的和确定的,其才会被执行。可以上诉的外国法院判决同样可以满足最终的和确定的这一目的。然而,外国法院判决的承认和执行在普通法体制下完全是自由裁量的,如果判决在原审法院是可以上诉的,文莱法院可以停止相关程序。需要再次强调的是,在普通法体制下,外国判决只有通过启动新的法律程序才能作为债务被强制执行。

a. 欺诈

31. REFJA 规定,欺诈是反对外国法院判决登记的绝对抗辩理由。[②] 在普通法中,欺诈可以被认为是内在的或外在的。当欺诈发生在法院的程序之中,则被认为是内在的(如判决是根据伪造的证据作出的)。发生在法院程序之外的欺诈则是外在的(如贿赂或威胁证人)。在考虑执行外国法院判决时,文莱普通法并没有在两种欺诈之间划出明显的界限。欺诈的含义既不狭隘也不精确。

32. 在执行外国法院判决的过程中,文莱法院对待欺诈采取和英国法院同样的宽泛态度。[③] 外国法院的判决可被控是欺诈,[④]基于:(a)已在国外诉讼程序中当事人指控欺诈但外国法院驳回欺诈指控的;[⑤](b)之前没有在外国法院提出欺诈指控,事后当事人才发现欺诈的;或(c)没有在外国诉讼程序中提出欺诈指控,除非欺诈判决的债务人在诉讼进行时就可以提出但并没有这么做。[⑥]

b. 公共政策

33. 公共政策抗辩(文莱国内法里,公共政策可作为阻止执行因违反公共政策的非法合同的障碍)在文莱法院很少被引用,因为法官对这一政策并没有给予特殊的重视。[⑦] 无论是诉因,还是外国判决的执行,都不能与文莱的公共政策

---

① 《互惠执行外国判决法》(2000 年修订版第 177 章)第 6(1)条与英国《外国判决(互惠执行)法》第 5(1)条第 1933 条第 13 章一致。

② 《互惠执行外国判决法》(2000 年修订版第 177 章)第 5(2)(a)(iv)条。

③ 参见 *Jet Holdings Inc v Patel* [1990] 1 QB 335 at 347,欺诈被认定为"一方误导或欺骗法庭的各种恶意行为"[见 Spencer Bower and Turner Res Judicata(Butterworths,1969 年第 2 版)第 323 页]。

④ 这一针对欺诈的原则适用于成文法和普通法两种机制。

⑤ See *Jet Holdings Inc v Patel* [1990] 1 QB 335.

⑥ *Abouloff v Oppenheimer* (1882) 10 QBD 295. See also *Syal v Heyward* [1948] 2 KB 443.

⑦ 文莱法院经常口头引用 Burrough J 在 *Richardson v Mellish* (1824) 2 Bing 229 at 252 中的话:"有关公共政策的争论过于激烈;就像骑上一匹不受控制的烈马,你永远不知道它会带你去哪儿。"

背道而驰。这样的例子包括试图执行:(a)一个违反文莱法院的禁诉令的外国法院判决;(b)根据文莱的公共政策,诉因或救济是不可行的;(c)要求外国税收返还的判决或惩罚性判决;(d)违反基本人权的判决。

c. 自然正义

34. 根据文莱和英国普通法,自然正义包括几个关键的权利,如当事人享有公平听证的权利,以及期望法院公正而不偏袒地行事的权利。① 法官应平等对待诉讼当事人,在听证中不应有任何合理怀疑的偏见。②

35. 自然正义意味着一个人应该享有充分的获悉出庭日期、时间、审理地点的权利以及原告必须提供详细的案件通知。③ 程序公正在最广义的基础上,是自然正义一个方面的更具体的描述,这是为了给被告提供足够的机会为自己辩护和陈述案情。

36. 文莱法院采用英国法院的立场,将公共政策抗辩扩大到任何包括程序缺陷在内的,与法院的"实质正义"观点相悖的事实情况。④

37. 根据 REFJA 的规定,判决债务人有权提出抗辩,认为他没有得到充分的通知或足够的时间允许他准备辩护,或没有出庭,尽管事实上根据外国法院的法律,已对他进行了法院程序的适当送达。⑤

38. 任何与文莱法院判决相冲突的外国法院判决不能得到承认和执行。由于英国枢密院仍然是终审法院,所以要重点提到枢密院和英国上议院作出的判决。⑥ 同样,如果文莱法院面临两个相互冲突的外国判决,且每个判决都有权被承认,那么将优先考虑先作出的判决。⑦

---

① See *Voinet v Barrett* (1885) 55 LJQB 39,自然正义被定义为"对和错的自然感觉"。

② *Porter v Magill* [2002] 2 AC 357;[2001] UKHL 67.

③ *R v Secretary of State for the Home Department*; *ex parte Doody* [1994] AC 531;[1993] UKHL 8.

④ *Adams v Cape Industries plc* [1990] Ch 433 at 567. See Privy Council decision *Prince Jefri Bolkiah v The State of Brunei Darussalam* [2007] UKPC 62.

⑤ 《互惠执行外国判决法》(2000 年修订版第 177 章)第 5(1)(a)(iii)条。对于普通法抗辩,另参见 *Jacobson v Frachon* (1928) 138 LT 386。

⑥ *Vervaeke v Smith* [1983] 1 AC 145 at 156D. 上议院认为早先英国法院的裁决裁定了比利时法院的争点,所有比利时诉讼程序属于既判力规则的范围,因此比利时法院的无效判决不会得到承认。

⑦ *Showlag v Mansour* [1995] 1 AC 431. 枢密院明确表示在两项冲突的外国最终判决中,应承认时间较早的并排除给予后者效力。

39. 默认的立场是文莱法院将给予有效获得的外国法院判决以效力，并且不调查任何原外国判决中的事实或法律错误。这意味着文莱法院不会再重新审视外国法院判决的实体。[①] 在外国法院判决部分内容违反文莱公共政策，而部分内容没有违反文莱公共政策的情况下，文莱法院很可能采取英国法院的立场。文莱法院有可能将排除违反公共政策部分，而执行判决中没有违反公共政策的部分。在这种案件中，两部分能够清楚地分开是非常重要的。[②]

ii. 对物判决

40. 对物诉讼是直接对财产而非针对个人（对人）提起的诉讼。对物诉讼不考虑财产的所有人，但它试图明确该财产（或物）上的权利是否具有确定的对世效力。[③] 如果对物诉讼获得成功，判决可通过法院出售的方式对物和对世进行执行。

41. 对物判决和对人判决的执行存在区别。这源于债务说，即外国诉讼程序中的胜诉方，当在文莱寻求承认和执行时，应能证明判决债务人基于外国法院的既判力约束，须对其履行义务。

42. 外国对物判决通常涉及对物体或事物的占有声明，它也可以是一项要求买卖一件物品以满足对该物品本身索赔的判决。在普通法原则中，通常适用执行法院地法来确定外国法院判决的性质。对物诉讼可通过改变物之状态，赋予或排除一项物上请求。事实上，外国对物判决通常不能改变位于法院地不动产的状态。[④] 就判决性质而言，对物判决的确会对（当事人或标的物的）法律地位产生影响。[⑤]

43. 由于文莱的终审法院是英国枢密院司法委员会，在考虑文莱法律时，重要的是看枢密院就诉讼标的所作的判决。在 Pattni v Ali[⑥] 中，枢密院对何为对物诉讼采取了狭义定义。本报告人认为，文莱法院认为这一判决以及枢密院其他有关对物诉讼执行的判决虽不具权威的约束力，但具有很强的说服力。

---

① *Godard v Gray* (1890) LR 6 QB 139.

② 文莱法院很可能遵循 *Raulin v Fischer* [1911] 2 KB 93 案中的英国立场。在该案件中，英国法院分割了有异议的部分，即基于刑事制裁而具有刑罚性的支付。它只执行外国法院判决中的非刑罚部分。

③ *Pattni v Ali* [2007] 2 AC 85.

④ 例如，外国法院关于在文莱的不动产所有权的判决将不会被文莱法院承认或执行。

⑤ 例如，离婚诉讼中的绝对判令会解除两人之间的婚姻关系。

⑥ [2007] 2 AC 85; [2006] UKPC 51.

44. 在 Pattni v Ali 案中,枢密院下的开曼法庭审查了一项肯尼亚法院的判决。外国法院作出的对物判决是无效的,因为判决时其所确定所有权和转让的财产并不在开曼群岛的管辖权范围之内。曼斯勋爵在作出枢密院的判决时引用了①乔维特词典的定义:②

对物判决是由具有管辖权的法院作出的关于某一特定物的地位的判决。该项判决是来自于适格认可的机构对诉讼标的物法律地位的神圣宣言,它杜绝了所有的人对已判定之物或人的法律状态提出不同于判决的主张。因此,法院有权在特定案件中对物作出判决,这一判决对所有人是确定的,被判决的物是可以被扣押的。所以,合法性宣告实际上就是一项对物判决。外国法院作出的离婚判决在特定情况下会被英国法院承认,那么这就是个对物判决……对人的判决只能约束当事人或利害关系人;在传统的合同或侵权案件中,对 A 作出的判决不能对 B 有约束力,除非他或他据以提出诉讼请求的某人是当事人。

45. 枢密院随后认为:③

法官们不关注不动产,这是国际私法中的一种例外情况。就目前而言,这与上述的有关动产和无形财产的观点相反,这是很重要的……法官们也许认为,位于 A 国的法院对接受其管辖的当事人作出有关位于 B 国的动产或无形财产的合同权利的对人判决,B 国的法院能够和应该承认外国对人判决中的此种权利具有约束力,而且应对在 B 国适当地执行此种权利做好给予救济的准备。

46. 枢密院不需要去考虑外国法院意欲作出对人或是对物的判决,因为结论是由枢密院自己识别外国法院判决的效果。结论是这一份对人的判决。就本身而论,外国判决可能同时包含物和人的因素,当事实与 Pattni v Ali 案类似,文莱法院会采纳枢密院执行外国原审法院的终审判决的做法。

47. 文莱法院很可能会效仿枢密院在普通法下的裁定,即如果诉讼标的物(不动产或动产),在外国国家原审法院进行诉讼时位于该外国国家,那么该项

---

① *Pattni v Ali* [2007] 2 AC 85 at [21].

② 《乔伊特英语法词典》(Sweet & Maxwell,1977 年第 2 版)第 1025 ~ 1026 页。

③ *Pattni v Ali* [2007] 2 AC 85 at [27].

外国对物判决将在文莱得到承认与执行。[1] 如果外国对物判决根据 REFJA 申请执行,文莱法院也会得出同样结论。[2]

48. 一般而言,在外国对人判决与对物判决的执行环节可提出相同的抗辩事由。尽管欺诈使判决无效,但这一原则的例外是善意购买人基于诚实信用且支付合理对价后获得了该财产所有权。[3]

① *Pattni v Ali* [2007] 2 AC 85 at [21].

② 《互惠执行外国判决法》(2000 年修订版第 177 章)第 5(2)(b)条。

③ *Louis Castrique v William Imrie* (1870) LR 4 HL 414. 任何这样的对物判决都不会被推翻。

国别报告

柬埔寨

报告人：Youdy Bun
Bun & Associates 律师事务所合伙人

A. 导言

1. 柬埔寨是一个大陆法系国家，无论是它的法律体制还是争议解决机制都有许多新发展。《柬埔寨民法典》于2011年12月生效。柬埔寨的《民事诉讼法》要稍早，于2006年开始适用。民法和民事诉讼法一起设立了适用于民事争议和民事诉讼程序的柬埔寨基本法律框架。

2. 伴随这些法律，柬埔寨的司法体制仍在不断发展。2015年，一批新的法官和检察官宣誓就职，以增加司法系统的实力。同时允许设立更多新的专门法院，如商事法院、地区上诉法院，目前柬埔寨只有一个上诉法院，位于首都金边。

3. 柬埔寨同越南签订了第一个有关承认和执行外国法院判决的条约，该条约于2013年生效。[①] 为了让柬埔寨法院执行越南法院的判决，这个双边条约设立了柬埔寨法所要求的柬埔寨和越南之间必要的互惠保证。

4. 随着法律的发展和新法官加入柬埔寨司法系统，柬埔寨开始处理当事人在柬埔寨寻求承认和执行外国

① 《柬埔寨王国和越南社会主义共和国民事事项相互司法协助协定》，柬埔寨和越南(2013年1月21日)。

民商事判决的尝试。在未来,我们期待能够看到这一领域有更多发展,能够更好地了解柬埔寨法院如何承认与执行外国民商事判决。

B. 柬埔寨承认和执行外国法院判决的门槛

5. 尽管柬埔寨的法律体制允许承认和执行外国法院判决,但目前,我们并没有看到任何外国法院判决在柬埔寨法院被承认与执行或被拒绝承认与执行。因此,对于准确理解法院如何解释准据法的不同方面,是具有一定挑战性的。

6. 如果一方当事人在柬埔寨寻求承认和执行一项外国判决,必须要在柬埔寨的法院获得一项执行判决。① 为此,一方当事人为了在柬埔寨承认和执行外国判决,必须提起诉讼并承担举证责任。

7. 在柬埔寨,《民事诉讼法》是规定外国法院判决承认与执行的主要法律。在决定是否作出执行判决的时候,柬埔寨法院首先会适用《民事诉讼法》第 199 条的 4 项门槛要求。然而,这并不是法院唯一需要考虑的因素。

8. 一项外国法院的终审判决要在柬埔寨法院被认为是有效的,必须要满足四项门槛要求:②

(a)根据法律或条约,外国法院必须享有适当的管辖权;

(b)败诉的被告收到了参加诉讼的传票或提起诉讼所必需的其他命令,或虽未收到传票或命令但进行了回应;

(c)判决的内容或诉讼程序没有违反柬埔寨的公共秩序或道德;以及

(d)柬埔寨与法院地国之间有互惠保证。

9. 第一项门槛要求试图确保作出判决的外国法院有适当的管辖权。柬埔寨的法律或柬埔寨参加的条约必须认为外国法院对判决中的当事人和标的具有适当的管辖权。③ 柬埔寨法院还可以依据当事人之间的争议解决协议,考虑根据这种协议(法院)是否有适当的管辖权。④

10. 如果违反了法院选择协议,柬埔寨法院有可能拒绝承认和执行外国法院的判决。《民事诉讼法》第 199(a)条要求根据法律或条约,管辖权是适当的。如果一项有效的争议解决协议包含法院选择条款,而外国法院违反了这一条

---

① 2006 年《民事诉讼法》第 352(1)条。

② 2006 年《民事诉讼法》第 199(a) ~199(d)条。

③ 报告人不确定决定外国法院适当管辖权的指导原则是什么。

④ 2006 年《民事诉讼法》第 13 条。

款,柬埔寨法院根据法律或条约可能会认为外国法院没有适当的管辖权。而且,根据该法第199(c)条,判决和诉讼程序不能违反柬埔寨的公共秩序和道德。

11. 根据柬埔寨民法,当事人通常享有合同自由,但不能违反法律中的强制性规则、公共秩序或善良风俗。① 因此,柬埔寨法院很有可能认为一项违反法院选择协议的判决不能满足第199(c)条的要求,因为承认了这样一项判决将违反协议当事人之间的有效协议。

12. 第二项门槛要求试图确保正当程序,适当通知被告诉讼程序的开始。当败诉的被告没有收到传票或提起起诉所必需的其他命令,并且当其没有接收传票或命令没有进行回复的时候,柬埔寨法院不能承认和执行外国法院判决。同时,其他违反正当程序的行为也会阻止承认和执行外国法院判决,只要柬埔寨法院认为这种违反正当程序的行为违反柬埔寨的公共秩序或道德。② 柬埔寨接受"对抗"原则,③将会审查所有当事人是否被传唤并有机会同时在场就争议进行直接的法庭辩论。

13. 第三项门槛要求承认和执行外国法院判决不能违反柬埔寨的公共秩序或道德。"公共秩序"和"道德"的概念在法律中没有界定,我们也未曾知悉任何法院判决解释了这些术语的具体含义。柬埔寨法院将根据不同案件的具体情况对这些术语进行解释。

14. 与通过欺诈方式获得的判决相关的任何问题都会涉及是否满足第三项门槛的要求。如果柬埔寨法院发现外国判决是通过欺诈手段获得的,法院可以裁定执行和承认这种判决将违背柬埔寨的公共秩序或道德,因此法院将无法承

---

① 2007年《柬埔寨民法典》第354条。

② 2006年《民事诉讼法》第199(c)条。

③ 2006年《民事诉讼法》第3条规定:

(1)任何一方未经听证或传唤不得进行审判。

(2)在任何情况下,法院都要保留"对抗"原则。

在司法部发布的对申诉程序的解释中,"对抗"原则被解释为:

为了有效地保障听证权,审判应该在当事人均应传唤出庭的当日进行,当事人均有在法庭上直接辩论的权利。如果允许法庭只传唤一方当事人并在另一方当事人不在的情况下听取一方当事人的意见,会影响当事人对审判公正的信心。考虑到这点,原则规定法院在审理案件时应遵循"对抗"原则,应传唤所有当事人并允许当事人在法庭上互相辩论(第3条第2段)。"对抗"原则也存在一些例外规定(第200条、第201条、第323条第1段等)(另一方面参见第548条第4段)。[由报告人翻译]

认和执行这项判决。柬埔寨法院也有可能考虑是否违反送达传票之外的其他正当程序,如败诉的被告没有得到合理的机会来陈述他的案件,从而阻碍第三个门槛要求得到满足。“对抗”原则在这里也同样重要。

15. 第四项门槛要求互惠的保证,这是迄今为止 4 项要求中最难达到的。柬埔寨只缔结了一项承认和执行外国民事判决的双边协定。2013 年 1 月 21 日柬埔寨和越南签订了《柬埔寨王国和越南社会主义共和国双边民事司法协助协定》(《柬埔寨—越南司法协助条约》)。2014 年 7 月 17 日柬埔寨通过法律批准了这项双边民事司法协助协定。协定的详细内容将在接下来讨论。①

16. 没有满足互惠保证的门槛,如《柬埔寨—越南司法协助条约》中所规定的要求,柬埔寨法院将不会在柬埔寨承认和执行外国法院判决。然而,互惠保证并不要求在条约中明确规定。

17.《民事诉讼法》第 199(d)条要求柬埔寨和作出判决的法院所在的外国之间有互惠保证,目的是柬埔寨能够承认和执行外国判决,同时该外国也应该有相关的机制承认柬埔寨的判决。但是我们无法得知除了条约之外,外国国家还会通过什么机制给予柬埔寨互惠保证。而且,我们没有发现柬埔寨政府有任何意向成为 2005 年 6 月 30 日的海牙《法院选择协议公约》的成员国。

C. 关于承认和执行外国判决的进一步思考

18. 因为《柬埔寨—越南司法协助条约》和柬埔寨未来可能加入的有关承认与执行外国判决的条约可能有进一步特殊的要求和限制,接下来的讨论仅会限定在基于柬埔寨法律和规定的一般考虑,将不会涉及特殊条约中的特殊要求。需要注意的是,特殊条约中的承认和执行将包括进一步的分析来决定是否承认和执行外国判决。关于《柬埔寨—越南司法协助条约》的进一步讨论将在后面进行。②

19. 在柬埔寨,承认和执行外国判决有两个步骤。首先,要从柬埔寨法院获得一项执行判决;其次,在执行判决获得之后,必须提出要求执行该执行判决的请求。

20. 因为这是柬埔寨法律中的新领域,因此很难预测柬埔寨法院如何解释

① 参见下文第 25 ~ 27 段。

② 参见下文第 25 ~ 27 段。

《民事诉讼法》和有关外国判决承认与执行的规定。《民事诉讼法》确实包括一条评注,有助于理解该法的特定条款应如何解释,包括如何解释《民事诉讼法》第199条规定的4项门槛要求。①

21. 假设满足了《民事诉讼法》第199条规定的4项门槛要求,但是如果该判决没有被证明是终局的和有拘束力的,柬埔寨法院仍必须拒绝承认和执行外国法院判决。在《民事诉讼法》中没有对终局的和有拘束力的作出定义。② 在这方面,"终局的和有拘束力的"需要根据外国判决的法律来解释,为了承认和执行此种判决,必须有足够的证据来证明这项外国判决是终局的和有拘束力的。外国判决是终局的和有拘束力的举证责任由申请承认和执行的当事人承担。

22. 因为能够得到承认和执行的任何外国判决必须是终局的和有拘束力的,所以在现有法律框架下,柬埔寨法院不可能承认和执行一项中间判决或冻结财产令,这两者都不被认为是终局的和有拘束力的。

23. 尽管柬埔寨法院必须要决定外国判决的终局性,但不会审查案件的实体。柬埔寨法院不得审查外国判决的实体。③ 因此,柬埔寨法院不需要考虑外国判决是否是基于错误的事实、错误的法律或两者都存在错误,而拒绝承认和执行它们。

24. 柬埔寨法院在考虑承认与执行外国判决时,还必须考虑既判力问题。当一个判决与柬埔寨法院已经作出的涉及相同当事人和相同标的的判决相冲突时,柬埔寨法院也会拒绝和承认该外国判决。④ 柬埔寨《民事诉讼法》没有规

---

① 评论的相关部分指出:

(1)通常情况下,一国并没有承认外国司法命令或判决的义务。然而本文认为可通过满足某些标准来承认外国的司法命令或判决,原因是一个已经经过审判的案件再经过二次审判是浪费时间的,也是为了避免法庭判决的不一致以及保障国际贸易的稳定。

(2)为强制执行外国司法命令或判决,执行债权人应有强制执行判决。

(3)对于在外国最终的司法判决中败诉的当事人,第199(b)条要求外国法庭遵循"对抗"原则来尊重败诉方的辩护权。否则,就是这种当事人在庭前的自我辩护中滥用权利。

(4)如果外国的司法命令或判决违背了柬埔寨的公序良俗会被视为无效。

(5)第199(c)条是国际原则,即两国之间应互相尊重以保障两国利益以及公民私法利益。

[由报告人翻译]

② 2006年《民事诉讼法》第352(3)条。

③ 2006年《民事诉讼法》第352(4)条。

④ 当考虑外国裁定时,没有关于既判力的具体条款。但报告人认为按照2006年《民事诉讼法》第199(c)条的规定这可能违背了柬埔寨的公序良俗。

定如何处理两个来自两个不同外国法院基于相同当事人之间的相同争议所作的外国判决。

D.《柬埔寨—越南司法协助条约》

25.《柬埔寨—越南司法协助条约》包含了很多民事领域的司法协助问题，如司法文书送达、移交证据、传唤证人和承认与执行协定中规定的特定法院的判决。《柬埔寨—越南司法协助条约》包含的民事事项包括民事、婚姻、家庭、商事、劳动和其他问题，①同时规定了每一国家承认与执行对方国家法院民事判决的法律框架，如果必要，包括使对方国家法院民事判决得到执行的能力限制。②

26. 根据《柬埔寨—越南司法协助条约》第 22 条的规定，如果要按照该条约承认或执行法院判决或裁定（第 21 条规定）需要满足 5 个条件：③

（1）本案不属于被请求国法律规定的被请求国法院的专属管辖；

（2）当事人或者其法定代理人按照请求国法律被适当传唤或者作出缺席宣告；

（3）法院的判决或裁定已经发生了法律效力，并且根据请求国的法律，判决或裁定的执行没有超过时效；

（4）被请求国的法院没有对同样的案件作出另一个有法律效力的判决或裁定，或第三国没有作出已经为被请求国承认和执行的相同判决或裁定，或在承认判决或裁定时被请求国法院没有立案或审理相同的案件；

（5）判决或裁定的承认与执行或承认与执行的结果，不能与被请求国的基本法律原则或公共秩序相冲突。

27. 这 5 项要求是除了《民事诉讼法》第 199 条和第 352 条关于承认和执行要求之外的规定，尽管条约与民事诉讼法在要求上是重叠的。条约和民事诉讼法都关注适当的管辖权、适当的传唤、判决的终局性和拘束力，以及判决的承认

---

① 这意味着，关于公共争端事项的外国判决，如外国刑法、税法以及其他公法的判决，不能通过本条约强制执行。

② 2013 年 1 月 21 日签订的《柬埔寨王国和越南社会主义共和国民事事项相互司法协助协定》第 1 条以及第 20 ~ 25 条。

③ 2013 年 1 月 21 日签订的《柬埔寨王国和越南社会主义共和国民事事项相互司法协助协定》第 21 条。

和执行不能违反公共秩序。①

E. 外国判决的执行②

28. 如果满足4项门槛要求且判决是终局的和有拘束力的,柬埔寨法院将作出执行判决。《民事诉讼法》规定了不同类型的执行判决。③

29.《民事诉讼法》第6卷规定了执行判决,包括对外国判决和外国仲裁裁决签发的执行判决。

30.《民事诉讼法》第6卷第2章规定了下列以金钱支付为目的的执行请求的种类:

(a)动产的执行;

(b)诉讼请求和其他财产权利的执行;

(c)不动产的执行;以及

(d)船舶的执行。

31.《民事诉讼法》第6卷第3章另外规定了实现动产、诉讼请求和其他财产权利、不动产和船舶的担保利益的特别规则。

32.《民事诉讼法》第6卷第4章规定了标的不是货币的债权的执行。

33. 因此,《民事诉讼法》有可能承认金钱判决④和非金钱判决。

34.《民事诉讼法》中没有条款限制执行对物判决。因此,柬埔寨法院可能会承认与执行对物判决。然而,《民事诉讼法》第199(c)条规定判决和诉讼程序不能违反柬埔寨的公共秩序或道德。法律中对"公共秩序"和"道德"没有定义。因此,这些术语将由法院予以解释。同时,基于目前的法律体制,在柬埔寨对物判决有可能被承认和执行时,柬埔寨的法院需要确保这一判决的承认和执行不违反柬埔寨的公共秩序或道德。

35. 而且,《民事诉讼法》第15条(法定专属管辖权例外)规定,"第13条(协议管辖)和第14条(未提出异议的管辖)不能适用于涉及法定的专属管辖权的诉讼"。因此,柬埔寨法院很有可能认为违反了柬埔寨法院的专属管辖权

① 参见2006年《民事诉讼法》第199(a)条、第199(b)条、第199(c)条以及2013年1月21日签订的《柬埔寨王国和越南社会主义共和国民事事项相互司法协助协定》第21(2)条、第21(3)条、第21(5)条。

② 第28~85段包括适用柬埔寨和越南司法协助条约的判决执行规则。

③ 2006年《民事诉讼法》第6卷。

④ 如果外国判决涉及利息的内容,推定该部分内容可作为判决的一部分予以承认和执行。

所作的对物判决，是未能遵守柬埔寨《民事诉讼法》第 199(c)条，柬埔寨法院很有可能认为一个对物诉讼违反柬埔寨法院的专属管辖权。①

---

① 根据 2006 年《民事诉讼法》第 15 条注释的规定，法定的专属管辖权包括：(a)再审法院；(b)裁决的发布意向；(c)强制执行的专属管辖权；(d)预防性救济的专属管辖权。

国别报告

中　国

报告人：郭玉军博士
中国武汉大学国际法研究所教授

A. 导言

1. 在中国，关于民商事判决承认与执行，包括三个体系：适用于与中国签订有双边条约或公约的国家的机制，适用《中华人民共和国民事诉讼法》(以下简称《民诉法》)[①]及最高人民法院司法解释[②]或者互惠原则的国家的机制，以及中国内地与香港特别行政区、[③]澳门

---

① 1991年4月9日颁布，2012年8月31日修订，2013年1月1日实施。

② 最高人民法院《关于适用〈中华人民共和国民事诉讼法〉的解释》法释〔2015〕5号(2015年1月30日颁布，2015年2月4日开始实施)(以下简称《民诉法解释》)。在中国法律制度中，最高人民法院司法解释对下级法院有约束力，是国际民事程序法的重要渊源之一。

③ 2008年《最高人民法院关于内地与香港特别行政区法院相互认可和执行当事人协议管辖的民商事案件判决的安排》(以下简称2008年内地与香港特区安排)；2017年《关于内地与香港特别行政区法院相互认可和执行婚姻家庭民事案件判决的安排》(2017年6月20日颁布)(以下简称2017年内地与香港特区安排)。2017年内地与香港特区安排旨在保障香港特区和内地当事人通过明确和有效的法律机制，能够执行有关夫妻财产和家庭案件判决。中文版参见 http://www.doj.gov.hk/eng/public/pr/20170620_pr2.html，最后访问日期：2017年7月3日。

特别行政区①和台湾地区②之间的机制。双边条约和内地与香港特别行政区、澳门特别行政区的特别安排,以及对台湾地区的特别规定中的承认与执行规则,具有较大相似性。本报告将阐述根据双边条约和互惠原则承认与执行外国民商事判决的规则。

B. 根据条约承认与执行

2. 截至 2017 年 7 月,中国与 37 个国家签订了民商事双边司法协助条约,其中 33 个双边条约包括民商事判决承认与执行的专门条款。

3. 中国已经与老挝、新加坡、韩国、泰国和越南签订了这样的双边司法协助条约。不过,只有与老挝和越南的条约中含有承认与执行外国判决的专门条款。③

4. 除了中国参加的 1969 年《国际油污损害责任公约》(以下简称 1969 年公约)中关于判决承认与执行的条款外,中国不是任何有关外国判决承认与执行公约的成员国。1980 年中国批准 1969 年公约,公约包括承认与执行缔约国法院判决的一个条款。④ 中国、澳大利亚、文莱、柬埔寨、印度、印度尼西亚、日本、马来西亚和新加坡均是该公约缔约国。于是,中国将按照 1969 年公约,承认与执行来自这些缔约国的油污损害赔偿判决。

国家	与中国签订双边条约	双边条约包括承认与执行规定	2005 年 6 月 30 日海牙《法院选择协议公约》	《有关外国仲裁裁决承认与执行的公约》(纽约,1958 年)
澳大利亚				√
文莱				√
柬埔寨				√
印度				√

① 2006 年最高人民法院《关于内地与澳门特别行政区相互认可和执行民商事判决的安排》(以下简称内地与澳门特区安排)。

② 2015 年最高人民法院《关于认可和执行台湾地区法院民事判决的规定》(以下简称大陆与台湾地区判决规定)。

③ http://www.moj.gov.cn/sfxzws,最后访问日期:2017 年 7 月 2 日。

④ 《国际油污损害责任公约》第 10 条。

续表

国家	与中国签订双边条约	双边条约包括承认与执行规定	2005 年 6 月 30 日海牙《法院选择协议公约》	《有关外国仲裁裁决承认与执行的公约》(纽约,1958 年)
印度尼西亚				√
日本				√
老挝	√	√		√
马来西亚				√
缅甸				√
菲律宾				√
新加坡	√		√	√
韩国	√			√
泰国	√			√
越南	√	√		√

5. 在根据条约决定是否承认与执行外国判决时,考虑因素如下。双边条约对于针对外国判决可提出的抗辩的性质(是强制性还是非强制性)有不同处理。在中老条约中,规定的所有抗辩事由都是强制性的;①而在中越条约中,所有抗辩事由都是非强制性的。②

(a)判决终局性。根据作出地国法,判决必须是最终的、确定的和可执行的。但有时条约同时还要求,外国法院判决根据执行地国法律也是可执行的,如中老条约。③

(b)判决作出法院的适当管辖权。涉及外国判决的双边条约无一例外地明确规定了管辖权这一要件。各条约有三种不同规定方式:一是条约明确规定作

① 参见《中华人民共和国和老挝人民民主共和国关于民事和刑事司法协助的条约》(1999 年 1 月 25 日)(以下简称中老条约)第 21 条。另参见中法、中俄和中意条约。

② 《中华人民共和国和越南社会主义共和国关于民事和刑事司法协助的条约》(1998 年 10 月 19 日)(以下简称中越条约)第 4 条、第 21 条。另外,有些双边条约既包括强制性的,也包括非强制性的抗辩事由。例如,《中华人民共和国和蒙古人民共和国关于民事和刑事司法协助的条约》(1989 年 8 月 31 日)(以下简称中蒙条约)第 9 条、第 18(4)条。

③ 中老条约第 21(1)(6)条。一个法国法院判决因不具有确定性和可执行而未获承认,(2005)温民三初字第 155 号。

出国法院必须满足的管辖权依据,同时要求不得侵犯执行地国法院的专属管辖权。[①] 二是明确要求不侵犯执行地国法院的专属管辖权。[②] 三是必须符合执行地国有关法院管辖权的规定。[③] 无论是中越[④]还是中老条约[⑤]都采纳了第一种做法。

(c)正当程序。违反"正当程序"是最重要的拒绝承认与执行外国判决的理由之一。在外国诉讼中,缺席的败诉当事人未被适当通知[⑥]或者无行为能力当事人未被适当代理是拒绝承认与执行外国判决的有力事由。[⑦] 大多数双边条约包括中越、中老条约都规定适用作出地国法律判断是否满足正当程序,[⑧]有些对此没有规定,[⑨]少数区分两种情况:适当代表问题适用承认地国法律,而适当通知适用缺席人本国法律。[⑩]

(d)无相互冲突的判决。一些双边条约,包括中老条约规定,如果承认国法院已经就相同当事人之间相同诉因的案件作出判决,或者第三国法院作出的相

① 中越条约第 18 条和中老条约第 22 条。上述两个条款中的管辖权根据几乎相同。有下列情况之一的,缔约国法院应被认为对民商事案件具有管辖权:(a)在提起诉讼时,被告在该方境内有住所或居所;(b)在提起诉讼时,被告在该方境内设有代表机构;(c)被告已书面明示接受法院的管辖;(d)被告就争议的实质进行了答辩,并未就管辖权问题提出异议;(e)在合同争议中,合同在该方境内签订,或者已经或应该在该方境内履行,或者诉讼标的物在该方境内;(f)在合同外侵权案件中,侵权行为或结果发生在该方境内;(g)诉讼标的物是位于该方境内的不动产。

② 《中华人民共和国和俄罗斯联邦关于民事和刑事司法协助的条约》(1992 年 6 月 19 日)(以下简称中俄条约)第 20(2)条,2015 年最高人民法院《关于认可和执行台湾地区法院民事判决的规定》第 15 条。

③ 《中华人民共和国和巴西联邦共和国关于民事和商事司法协助的条约》(2009 年 5 月 31 日)(以下简称中巴条约)第 23(2)条。

④ 中越条约第 18 条。

⑤ 中老条约第 22 条。

⑥ 乌兹别克斯坦和法国法院判决因不符合双边条约中规定的适当通知要求而被拒绝承认。(2011)民四他字第 18 号,(2016)湘 10 协外认 1 号。一个波兰法院判决根据双边条约和民事诉讼法得到承认,其中讨论了诉讼时效与正当程序问题。(2013)浙甬民确字第 1 号。

⑦ Wenliang Zhang, "Recognition and Enforcement of Foreign Judgments in China: The Essentials and Strategies", (2014) *XV Yearbook of Private International Law* 319, at 340.

⑧ 中老条约第 21(3)条和中越条约第 17(3)条。

⑨ 参见中国与法国、巴西、秘鲁、波斯尼亚和黑塞哥维那双边司法协助的条约。

⑩ 参见《中华人民共和国和阿拉伯联合酋长国关于民事和商事司法协助的协定》(以下简称中国—阿联酋协定)(2004 年 4 月 21 日)第 21(4)(5)条,《中华人民共和国和科威特国关于民事和商事司法协助的协定》(2007 年 6 月 18 日)(以下简称中国—科威特协定)第 21(4)(5)条。

同当事人之间相同诉因的案件判决已在中国得到承认，法院必须拒绝承认与执行。① 另一些双边条约包括中越条约规定，如果承认国法院正在审理相同当事人之间相同诉因的案件，则可以拒绝承认与执行。② 另有一些条约则规定，不能仅因为自己正在审理相同当事人之间相同诉因的案件就拒绝承认与执行，只有当自己受理在先时才可以拒绝承认。③

(e)公共政策④。承认与执行外国法院判决不得违反执行地国的基本法律原则、公共秩序或公共利益，侵犯被请求国主权或者安全。

(f)欺诈。所有双边条约均未涉及通过欺诈取得的判决是否可被承认与执行的问题。不过，1969 年公约⑤和中国内地与香港特别行政区安排⑥中包含了不承认因欺诈而取得的判决这一事由。

C. 根据互惠原则承认与执行

6. 在没有条约关系时，承认与执行外国法院判决是为了满足国际民商事交往的需要，为跨国当事人提供便利。⑦

7. 在没有双边条约时，外国法院判决可以依据《民诉法》⑧中的互惠原则得到承认与执行。⑨ 具有互惠关系是承认与执行外国法院判决的前提条件。在既没有条约关系，也没有互惠关系时，根据《民诉法解释》，人民法院必须拒绝承认与执行外国法院判决。一旦承认与执行的请求被拒绝，当事人可以向人民法院提起新的诉讼。⑩

---

① 中老条约第 21(5)条，《中华人民共和国和法兰西共和国关于民事、商事司法协助的协定》(1987 年 5 月 4 日)第 22(6)条和《中华人民共和国和意大利共和国关于民事司法协助的条约》(1991 年 5 月 20 日)第 21(4)条。

② 中越条约第 17(4)条，《中华人民共和国和波兰人民共和国关于民事和刑事司法协助的协定》(1987 年 6 月 5 日)第 21(5)条和中俄条约第 20(4)条。

③ 中意条约第 21(5)条和中蒙条约第 18(4)条。

④ 参见第三部分公共政策相关内容。

⑤ 第 10(1)条。

⑥ 2008 年内地与香港特区安排第 9(5)条，2017 年内地与香港特区安排第 9(2)条。

⑦ 参见韩德培主编：《国际私法》，高等教育出版社、北京大学出版社 2014 年第 3 版，第 537 页。

⑧ 第 281 条、第 282 条。

⑨ 《民诉法》的审查标准没有专门规定一些不予以承认的通常理由，如缺少管辖权。不过，实践中，正如中外双边司法协助条约所规定，中国法院必须或可以以缺少管辖权为由拒绝承认与执行外国判决。

⑩ 《民诉法解释》第 544 条。

8. 与和其他国家的条约或协定相比,《民诉法》中规定的前提条件较少。而《民诉法解释》做了进一步澄清,本报告人认为,有必要制定更详细的规则以填补立法与实践中的空白,减少承认与执行外国判决的不确定性。

9. 除了互惠之外,一般认为,外国判决将被承认与执行,如果:(a)它是发生法律效力的;(b)作出国法院有适当的管辖权;(c)它没有违反正当程序;(d)它不与之前作出的判决相抵触;(e)它不违反共政策。这些要求中,缺少互惠关系以及违反正当程序是实践中最常为当事人援引的事由。

10. 注意在中国内地,有关离婚判决和破产判决有专门的承认与执行规则。[①]

i. 互惠

11. 在中国法中,[②]互惠是承认与执行外国判决的基本前提(离婚判决除外)。实践中与互惠有关的最有影响的案例是 1995 年的五味晃案,[③]此后许多年,遵循最高人民法院在五味晃案件中的意见,中国地方法院坚持和呼应最高人民法院的基本观点,其结果是:根据判决作出国法院曾经承认与执行过承认国较早判决,证明符合互惠要求。也就是说,中国法院要求证明"事实互惠"成立;应该证明作出判决的外国法院至少曾经承认和执行过中国法院判决。如果在该外国,不存在承认和执行中国法院判决的之前的努力,将不会被认定存在互惠。韩国、[④]澳大利亚、[⑤]英国、[⑥]乍得、[⑦]马来西亚、[⑧]美国[⑨]判决因中国与这些

---

① 1991 年最高人民法院《关于中国公民申请承认外国法院离婚判决程序问题的规定》和《企业破产法》第 5 条。《民诉法解释》第 544 条确认互惠要求不适用于离婚判决。

② 《民诉法》(1991 年 9 月颁布;2012 年 8 月 31 日修订;2013 年 1 月 1 日实施)第 281 条。

③ 参见五味晃在大连市中级人民法院申请承认与执行日本判决,最高人民法院公报 1996 年第 1 期,第 29 页。For details of the case, see Wenliang Zhang, "Recognition and Enforcement of Foreign Judgments in China: A Call for Special Attention to Both the 'Due Service Requirement' and the 'Principle of Reciprocity'", (2013) *Chinese Journal of International Law* 143, at 153 – 155; Béligh Elbalti, "Reciprocity and the Recognition and Enforcement of Foreign Judgments: A Lot of Bark but not Much Bite", (2017) 13(1) *Journal of Private International Law* 184, at 202.

④ (2011)深中法民一初字第 45 号,(2015)沈中民四特字第 2 号。

⑤ (2006)民四他字第 45 号。

⑥ (2004)二中民特字第 928 号。

⑦ (2014)潭中民三初字第 181 号。

⑧ (2014)宁民认字第 13 号。

⑨ (2016)赣 01 民初 354 号。

国家间缺少互惠关系而被拒绝承认与执行。但是,也有德国、[1]新加坡[2]和美国[3]的判决,在中国法院认定存在互惠关系后,得到承认与执行。

12. 有关存在事实互惠的态度正在松动。2017 年 6 月 8 日中国广西南宁第二届中国—东盟大法官论坛通过的《南宁声明》第 7 项旨在促进互相承认民商事判决,声明表明,即使没有条约关系,当没有基于缺少互惠而不予承认与执行的先例时,[4]可以推定已经存在互惠。可以预期,不久的将来情况会发生改变。[5]

ii. 外国程序的终局性

13. 根据中国《民诉法》的规定,外国判决必须是发生法律效力的判决。[6]但没有明确的立法以及报道的案例涉及适用何国法律判断何为发生法律效力。有学者建议外国法院判决终局性的问题应该适用该判决作出国法律判断。[7]

14. 在中国缔结的大多数双边条约中,包括中越条约,适用判决作出地国法律判断判决的终局性和确定性。只有个别条约,如中老条约规定承认地国法律也适用于确定外国判决的可执行性。[8] 可以合理地推定,中国法院可能会借鉴双边条约中的多数做法,即在作出地国可执行的判决在中国亦是可执行的。[9]

15. 在中国国内法下,具有法律效力的判决主要是指不存在或穷尽上诉救济的判决,也就是说,一般而言,终局性意味着判决不再受普通程序审查。根据

---

① (2012)鄂武汉中民商外初字第 00016 号。

② (2016)苏 01 协外认 3 号。

③ 2017 年 6 月 30 日,武汉市中级人民法院根据互惠原则,作出承认与执行加利福尼亚州洛杉矶高级法院一个民事判决的裁定。这是美国商事判决首次在中国获得承认与执行。(2015)鄂武汉中民商外初字第 00026 号。

④ http://www.court.gov.cn/zixun-xiangqing-47372.html(accessed on 2 July 2017).

⑤ 最高人民法院正在起草制定有关外国法院判决承认与执行的司法解释,以完善有关制度。参见张勇健:《"一带一路"司法保障问题研究》,载《中国应用法学》2017 年第 1 期。

⑥ 《民诉法》(1991 年 9 月颁布;2012 年 8 月 31 日修订;2013 年 1 月 1 日实施)第 281 条。

⑦ 参见李双元、欧福永主编:《国际私法》,北京大学出版社 2015 年第 3 版,第 417 页;韩德培主编:《国际私法》,高等教育出版社、北京大学出版社 2014 年第 3 版,第 540 页;徐宏:《国际民事司法协助》,武汉大学出版社 2006 年第 2 版,第 295 页。

⑧ 中老条约第 21(6)条,《中华人民共和国和塞浦路斯共和国关于民事、商事和刑事司法协助的条约》(1995 年 4 月 25 日)第 25(8)条。这意味着,根据作出国的法律和承认国的法律均需认为判决是终局和确定的。

⑨ 徐宏:《国际民事司法协助》,武汉大学出版社 2006 年第 2 版,第 295 页。

中国国内法，只要满足前提条件，在上级法院进行上诉的判决亦可以得到执行。[①] 判决的可执行性不因一方当事人申请启动再审程序而受影响。[②] 但是，一旦法院决定受理上诉或开始再审，则必须中止执行，除非判决涉及生活费、年金、医疗费用和劳动报酬等。[③]

16. 缺席判决可以被承认与执行，只要申请人（判决债权人）能提交文件证明判决债务人被适当送达或者判决明确载明适当送达的事实。[④] 在司法实践中，2016 年新加坡法院的一个缺席判决被承认，[⑤]2017 年美国法院的一个缺席判决也被承认。[⑥]

17. 对于中间判决的可执行性，法律没有明确的规定。在一个判决中，美国法院作出的一个中间判决（离婚判决），根据《民诉法》第 281 条和第 282 条，被认定为具有法律效力而得到承认。[⑦] 一般认为，中间判决可以得到承认与执行，只要其满足判决承认与执行的条件。[⑧]

iii. 外国法院的管辖权

18. 中国《民诉法》和《民诉法解释》均未规定对外国法院管辖权的要求，

---

① 《民诉法》（1991 年 9 月颁布；2012 年 8 月 31 日修订；2013 年 1 月 1 日实施）第 106 条、第 107 条。第 106 条规定："人民法院对下列案件，根据当事人的申请，可以裁定先予执行：（一）追索赡养费、扶养费、抚育费、抚恤金、医疗费用的；（二）追索劳动报酬的；（三）因情况紧急需要先予执行的。"第 107 条规定："人民法院裁定先予执行的，应当符合下列条件：（一）当事人之间权利义务关系明确，不先予执行将严重影响申请人的生活或者生产经营的；（二）被申请人有履行能力。人民法院可以责令申请人提供担保，申请人不提供担保的，驳回申请。申请人败诉的，应当赔偿被申请人因先予执行遭受的财产损失。"

② 《民诉法》第 199 条规定："当事人对已经发生法律效力的判决、裁定，认为有错误的，可以向上一级人民法院申请再审；当事人一方人数众多或者当事人双方为公民的案件，也可以向原审人民法院申请再审。当事人申请再审的，不停止判决、裁定的执行。"2017 年内地与香港特区安排第 11 条规定，对于上诉的香港法院判决，内地法院可以中止认可与执行程序；对于内地再审的判决，香港法院可以中止认可和执行程序。

③ 《民诉法》第 206 条规定："按照审判监督程序决定再审的案件，裁定中止原判决、裁定、调解书的执行，但追索赡养费、扶养费、抚育费、抚恤金、医疗费用、劳动报酬等案件，可以不中止执行。"

④ 《民诉法解释》第 543 条。

⑤ （2016）苏 01 协外认 3 号。

⑥ （2015）鄂武汉中民商外初字第 00026 号。

⑦ （2016）苏 04 协外认 3 号。

⑧ 徐宏：《国际民事司法协助》，武汉大学出版社 2006 年第 2 版，第 294 页；钱锋：《外国法院民商事判决承认与执行研究》，中国民主法制出版社 2008 年版，第 82 页。

除了最高人民法院有关承认离婚判决的规定中有一条,明确要求外国法院必须具有管辖权。[①] 上述规定对于适用何国法律判断外国法院的管辖权亦未加以规定。不过,外国法院对案件必须具有管辖权的观点,为学者广泛接受。[②]

19. 如前所述,双边条约中处理管辖权问题有三种不同做法。本报告人认为,可以合理地推断:原审国法院根据其本国法律必须具有管辖权,[③]并且同时不侵犯执行地国法院的专属管辖权。[④] 根据《民诉法》规定,中国法院对一些特定类型的案件有专属管辖权,如纠纷涉及位于中国的不动产,[⑤]如果外国法院行使的管辖权与中国法院的专属管辖权冲突,中国法院将会拒绝承认或执行外国法院判决。

iv. 实体审查

20. 从立法和司法实践来看,在中国法院只有对法律程序的不足或缺陷才可以提出异议,这一点已被接受。外国判决的实体不受审查。中国法院将不会对案件的实体进行再审查,不会对外国法院的事实认定和法律适用进行质疑。因此,中国法院将不会以外国法院有事实认定或法律适用错误或两者均有错误而拒绝承认与执行外国判决。[⑥]

v. 金钱或非金钱判决

21. 中国法律文字上并没有区分承认与执行金钱和非金钱判决。而且,对于(外国)判决上的违约利息没有特别规定。一般地,中国允许执行外国民商事

---

① 最高人民法院《关于中国公民申请承认外国法院离婚判决程序问题的规定》第12(2)条。

② 李双元、谢石松、欧福永:《国际民事诉讼法概论》,武汉大学出版社2016年版,第501页。

③ 在一个裁定中,法院分析了承认德国离婚判决必须满足的条件,特别是根据德国法德国法院的管辖权,最终该离婚判决得到承认。(2014)合民四初字第00001号。

④ 中老条约第22条、中越条约第18条,2008年内地与香港特区安排第9条;See also Guangjian Tu, *Private International Law in China*, Springer, 2016, at p 173.

⑤ 《民诉法》(1991年9月颁布;2012年8月31日修订;2013年1月1日实施)第33条、第266条。

⑥ 在承认澳门特区法院一涉及借款合同案中,反对承认的当事人主张当事人之间的借款事实不存在。但法院认为,是否存在债务不属于审查的范围。该判决根据内地与澳门特区的安排得到承认并如内地判决一样可执行。(2014)沪二中民认(澳)字第1号。在承认一美国法院判决时,法院认为当事人之间的合同有效性问题,作为涉及诉讼当事人实体关系的问题,不受承认法院的审查。(2015)鄂武汉中民商外初字第00026号。一些双边条约明确规定法院不对实体问题进行审查,参见中越条约第19(2)条、中俄条约第18(2)条。

金钱判决并且判决债权人有权要求违约利息。①

22. 在中国法下,②国内刑事诉讼中的损害赔偿判决具有可执行性。在没有条约关系时,涉及惩罚性、税收或其他公法的外国判决是否可以执行,没有权威观点。2008 年内地与香港特区安排③以及 2017 年中国内地与香港特区安排④均明确排除了涉及税收和罚金的判决的认可与执行。在一些双边条约中,刑事诉讼程序中作出的对受害人损害赔偿的金钱判决在中国是可以执行的,如中国与老挝、⑤中国与越南⑥条约。因此,本报告人认为,除了上述情形外,可以合理地推定人民法院应该拒绝承认与执行涉及税收、罚金的判决。⑦

23. 曾有一个包括了被执行人所欠税款征收的乌兹别克斯坦法院判决被拒绝承认,但法院并未讨论税收判决本身的可执行性问题。⑧

24. 除了离婚判决、涉及个人身份如父母子女关系、准正⑨和破产判决,在中国立法中,对于非金钱判决执行问题,无明确的规则。中国法院是否会承认与执行其他类型的外国非金钱判决存在疑问。在司法实践中,一些法院似乎采取了更为开放的态度。例如,地方法院承认了涉及破产管理的外国判决。⑩ 内地与澳门特区安排中,对于没有金钱支付内容的判决,诉讼当事人可以单独申请认可。⑪

---

① 参见(2014)沪二中民认(澳)字第 1 号;(2016)苏 01 协外认 3 号。2008 年内地与香港特区安排明确规定执行的范围包括利息、律师费和诉讼费用(第 16 条)。2017 年内地与香港特区安排第 14 条有相似规定。

② 《民诉法》(1991 年 9 月颁布;2012 年 8 月 31 日修订;2013 年 1 月 1 日实施)第 224 条。

③ 第 16 条。

④ 第 14 条。

⑤ 中老条约第 20 条。

⑥ 中越条约第 15 条。

⑦ 这种观点也符合国际社会的长期实践。涉及税收、罚金或惩罚性金钱判决服务于提高税收收入的公共目标,而且在大多数国家都被认为是属于公法性质的事项,从而不在承认与执行私法民事诉讼判决的范围。See Ronald A Brand, "Federal Judicial Center International Litigation Guide: Recognition and Enforcement of Foreign Judgments", (2013) 74 *University of Pittsburgh Law Review* 491, at 508;孙劲:《美国的外国法院判决承认与执行制度研究》,中国公安大学出版社 2003 年版,第 230 页。

⑧ (2011)民四他字第 18 号。

⑨ 内地与香港特区安排第 3 条。

⑩ 有法国破产判决和德国破产判决被地方法院承认,(2005)穗中法民三初字第 146 号民事裁定,(2012)鄂武汉中民商外初字第 00016 号。

⑪ 第 3 条。

25. 在中国,外国法院的临时措施是否可以获得承认与执行需要进一步澄清。在2008年内地与香港特区安排中,法院可以发布资产扣押令,以协助来自对方法院判决的承认与执行。① 某些中国缔结的双边条约明确将临时措施令排除在外。② 例如,中国与阿联酋协定规定,本协定不适用于保全措施或临时措施,但与协助支付生活费请求有关的除外。③

26. 没有立法而且似乎也没有中国法院案例已经承认过实际履行类的非金钱令。2008年内地与香港特区安排明确规定,只有金钱判决根据安排可以获得承认与执行。④

27. 对于禁令,一韩国法院的止付令被拒绝承认,理由是该禁付令系临时性的。⑤ 另一中国判决表明,中国法院对案件行使了管辖权,而没有决定英国法院禁诉令的可执行性问题。⑥ 占主流的观点似乎是,外国初步或临时程序中的决定不具有可执行性,因为临时措施决定不具有终局性和确定性。不过,目前这一问题尚未在最高人民法院涉及。

28. 中国法院是否会承认与执行外国资产冻结令尚未被涉及。如果冻结令是在单边基础上作出的,要求中国法院执行此类冻结令以支持在外国进行的诉讼会有困难。

vi. 欺诈

29. 如前所述,除了内地与香港特区安排以及1969年公约中有3个条款外,立法、中国缔结的双边条约或公约均没有规定基于欺诈而取得的判决需拒绝承认与执行。同样,亦无报道的案例。拒绝基于欺诈而取得的判决可以通过援引公共政策而实现。欺诈抗辩一般应该限于外在欺诈,因为中国法院不会对有关案件的实体进行审查。

vii. 正当程序

30. 如前所述,《民诉法解释》明确规定了承认与执行的正当程序要求。⑦ 如前所述,所有双边司法协助条约都无一例外地明确规定了正当程序要求。根

① 第14条。

② 本报告所涉及的国家中,中老条约、中越条约没有明确排除临时措施。

③ 中国与阿联酋条约第17(3)条。

④ 2008年内地与香港特区安排第1条。

⑤ (2010)浙商外终字第15号。

⑥ (2015)鄂民四终字第00194号。

⑦ 《民诉法解释》第543条。

据互惠原则，缺乏正当程序，是拒绝承认与执行的一个重要的抗辩。司法实践中，正当程序也是经常被成功援引的抗辩事由。根据《民诉法解释》，缺席判决的当事人未被适当通知将会被认定为缺乏或违反正当程序。一加拿大离婚判决因申请人未提供证据证明被告已被适当通知而被拒绝承认。①

31. 至于适用哪一法律来决定是否构成违反正当程序，中国法院可能会采纳大多数中外双边司法协助条约中的做法，即适用判决作出地国法律。然而实践中，中国法院倾向于适用中国法律。②

viii. 既判力

32. 中国法院将会拒绝承认与执行已经作出的相同当事人之间相同诉因的与中国法院判决相冲突的外国法院判决。③《民诉法解释》没有涉及两个外国法院判决冲突的问题。本报告人认为，可以合理推断符合承认与执行条件的判决在先的外国法院判决会得到优先考虑。

ix. 违反协议

33. 在中国法中，在满足一定的前提条件下，中国法院通常会尊重法院选择协议。④ 但是，如果法院选择协议按照中国法为无效，⑤外国法院行使管辖权符合其本国法并不侵犯中国法院的专属管辖权，中国法院应该不会因违反这样的协议而拒绝承认与执行。

34. 中国已于2017年9月12日签署2005年海牙《选择法院协议公约》。公约在中国生效尚需经批准，中国会尽可能快地批准该公约。一旦中国批准公

---

① (2011)南市民三特字第1号，一韩国离婚判决因未适当送达而被拒绝承认。(2014)望民一初字第00038号。

② (2010)民四他字第81号。

③ 《民诉法解释》第533条。另见(2012)民四他字第3号；较早的一个中国法院判决驳回了离婚请求，后来的外国法院判决被拒绝，理由是与之前的中国法院判决冲突。(2016)苏07协外认2号。

④ 根据《民诉法》(1991年9月颁布；2012年8月31日修订；2013年1月1日实施)第34条规定，合同或者其他财产权益纠纷的当事人可以书面协议选择被告住所地、合同履行地、合同签订地、原告住所地、标的物所在地等与争议有实际联系的地点的人民法院管辖，但不得违反本法对级别管辖和专属管辖的规定。第一，合同或财产权益纠纷当事人有权签订选择法院协议。第二，选择必须是书面的。第三，当事人选择的法院必须与争议有实际的联系。第四，选择不得违反级别管辖和专属管辖。

⑤ 《民诉法》(1991年9月颁布；2012年8月31日修订；2013年1月1日实施)第34条。司法实践中，人民法院通常会适用法院地法确定法院选择协议的有效性。(2013)民提字第243号，(2014)鲁民辖终字第158号，(2014)津海法商初字第81-1号。

约,将有助于外国判决在中国的承认以及中国判决在国际上的承认。

x. 公共政策

35. 如果外国判决违反中国公共政策,中国法院会拒绝承认与执行外国法院判决。在中国法中,公共政策指国家主权和安全、基本法律原则[①]和社会公共利益。违反公共政策是按照判决结果本身而不是原审诉讼的诉因加以评判的。[②]

36. 在中国法中,缺少原外国判决中的类似诉因并不必然认定该判决违反中国公共政策。[③] 实践中,援引公共政策抗辩外国法院判决承认与执行的很少。

xi. 对物判决

37. 中国法律并不区分对物与对人判决,拒绝承认与执行外国法院对物判决的理由应该与对人判决的理由相同。在一个根据美国马萨诸塞州法院判决寻求转让财产的案件中,中国法院认为,当事人不可以直接援引在中国尚未被承认的外国判决作为财产转让登记的依据。判决似乎暗示如果判决已经在中国得到承认,它可以作为财产转让登记的依据。[④] 但是,就判决承认而言,判决作出法院对不动产的管辖权可能在中国法院被提出异议。因为,根据中国法律,中国法院对位于境内的不动产有专属管辖权。[⑤] 这样,该判决可能会以缺少适当的管辖权为由而被拒绝。

xii. 执行期间

38. 根据中国法律,如果两年执行期间已过,申请承认与执行外国法院判决将被拒绝。[⑥]

---

① 一个意大利法院离婚判决有关婚姻解除部分被人民法院承认,但婚姻财产分割及子女抚养部分未获承认,因法院认为该部分判决内容违反中国婚姻法的基本原则。该案还表明,外国法院判决的承认与执行是可以分割的。(2010)浙温民确字第1号。

② (2016)最高法民终152号。在最高人民法院的一个判决中,涉及法律选择问题(而非判决承认与执行问题),法院认为,如果当事人没有选择法律,即使处于争议中的债务在本质上为赌债,但澳门特别行政区法作为赌场所在地法和与赌债有最密切联系的法律应该得到适用。该判决表明法院适用澳门特别行政区法承认赌博合同有效的一种倾向,即使在中国内地法中赌博合同无效。

③ 参见韩德培主编:《国际私法》,高等教育出版社、北京大学出版社2014年第3版,第541页;Yongping Xiao & Zhengxin Huo,"Order Public in China's Private International Law",(2005)53 *Am J Comp L* 653, at 660;马永梅:《外国法院判决承认与执行中的公共秩序》,载《政法论坛》2010年第5期。

④ (2014)深中法行终字第65号;(2015)粤高法行申字第75号。2017年内地与香港特区安排明确规定婚姻和家庭案件中涉及财产关系的判决可以被承认与执行(第3条)。

⑤ 《民诉法》(1991年4月9日发布;2012年8月31日修订;2013年1月1日)第33条。

⑥ 《民诉法解释》第547条;(2013)浙甬民确字第1号。

国别报告

印　度

报告人：Narinder Singh

（联合国）国际法委员会前主席

印度外交部前法律顾问

马赫希法学院法学教授

1. 在印度法中，判决和裁定[①]的执行由1908年《民事诉讼法》[②]（以下简称《民诉法》）调整。一项外国判决或裁定的执行可依《民诉法》第44A条提起执行请求，或依该项外国判决或裁定提起诉讼。

2.《民诉法》第44A条规定之程序仅适用于《印度中央政府公报》中公布的"互惠国"的"高等法院"作出的外国判决或裁定的执行。在此份（国别）报告中，《民诉法》第44A条规定之程序适用于马来西亚高级法院或新加坡高等法院所做判决或裁定之执行。[③] 如若互惠国高等法院之判决或裁定由印度地方法院登记在案，该裁定可被执行，如同其已是由该地方法院作出一样。

3. 若一项判决或裁定并非由印度中央政府公报确定之互惠国高等法院作出，则此项裁决在印度不可被直

---

① 在印度法中，裁定是判决的执行部分且遵循判决。

② 1908年第5号法。

③ 《民诉法》第44A条之程序还适用于亚丁、孟加拉国、加拿大、库克群岛（包括纽埃）和西萨摩亚托管领土、斐济、中国香港特别行政区、新西兰、巴布亚新几内亚、特尼立达和多巴哥、阿拉伯联合酋长国和英国的高等法院所作判决。

接执行。(若需执行)当事人可依此项裁决向有管辖权的法院提起新诉(民事诉讼)。在新诉中,该外国判决或裁定可被视为一项证据。①

4. 依《民诉法》第 13 条规定,在适用上述两种程序时,外国裁定或判决必须具有确定性(该项裁决中的任何诉求均已作出判断)。《民诉法》第 13 条列举了例外情况,使不具有确定性的外国裁决在印度不具可执行性。

5. 关于外国判决和裁定,印度法中已有的原则是"基于外国判决提起的执行之诉,法院无权决定外国法院对案件实体争议的判决正确与否"。② 法院在审理依外国判决提起之诉时,其任务"仅是"确定外国法院是否查证案件事实以及是否适用法律。③ 换言之,印度法院不对外国判决做实质性审查。

6. 外国法院裁定或判决得到执行的另一原则是,有管辖权的法院对当事人之诉求作出裁定后,法律权利义务关系就此形成。④ 虽各国国际私法规则本质上千差万别,但基于国家礼让,⑤文明国家间对某些规则达成了共识。继而通过各国之司法体系或是国际条约来适用这些法律共识,解决涉外纠纷,执行某些范围内的外国判决。

7. 总体而言,对于外国判决的有关事项,印度法院所适用的原则与英国法院相同。⑥ 在英国,外国判决在作出该判决的法院系统内必须具有确定性和终局性,即使该项判决处于上诉期间,但仍应是终局性的。⑦ 而对于中间裁决来说,印度最高法院声明,"国家礼让原则要求我们尊重英国法院的裁决。即使是一份中间裁决,印度法院也应足够重视,除非其属于《民诉法》第 13 条规定的例外情况"。⑧

---

① *Maloji Nar Singh Rao v Shankar Saran* AIR 1962 SC 1737 at 1748, [14]; *I&G Investment Trust v Raja of Khalikote* AIR 1952 Cal 508 at 523, [38].

② *M/s Formosa Plastics Corp, USA v Ashok K Chauhan* (1998 年 10 月 8 日)(德里高院),第 27 段。

③ *M/s Formosa Plastics Corp, USA v Ashok K Chauhan* (1998 年 10 月 8 日)(德里高院),第 27 段。

④ *Goyal Mg Gases Pte Ltd v Messer Griesheim Gmbh* (2014 年 7 月 1 日)(德里高院).

⑤ *M/s Alcon Electronics Pvt Ltd v Celem SA of Fos* 34320 *Roujan, France* [2016] INSC 861 (2016 年 12 月 9 日)(印度最高法院).

⑥ *Duggamma v Ganeshayya* AIR 1965 Mys 97.

⑦ *Baijnath v Vallabhadas* AIR 1933 Mad 511.

⑧ *M/s Alcon Electronics Pvt Ltd v Celem SA of Fos* 34320 *Roujan, France* [2016] INSC 861 at [18] (2016 年 12 月 9 日)(印度最高法院).

A.《民诉法》第 13 条之规定

8.《民诉法》第 13 条

外国判决须为终局判决，无论该项判决是对同一当事人之间，或是基于同一权利提出诉讼的当事人一方或双方之间任何事项的直接裁定，除非：

(a)原审法院不具有管辖权；

(b)判决中实体争议尚未审理；

(c)表面上，诉讼中错误适用国际法或是拒绝承认某些情形中作为准据法适用的印度法；

(d)诉讼中判决的获得违反自然正义；

(e)判决因欺诈而获得；

(f)一方当事人的主张是以违反现行有效的印度法为根据的。

i. 具有适格管辖权的法院

9. 在外国判决承认与执行之前，印度法院须决定(作出该裁决的外国法院)是否具有适格管辖权。

10.《民诉法》第 14 条规定："除非有相反证据，法院应基于能证明外国判决的核证副本的任何制作文件，推定原审法院具有管辖权。但如若能证明原审法院缺乏管辖权，则该推定不成立。"

11. 奥里萨邦高等法院在 Padmini Mishra v Pamesh Chandre Mishra 案①中认定，因一方当事人在纽约法院涉诉时并未对法院缺乏管辖权提出抗辩，故(推定当事人)允许法院单方面进行审判。这一推定符合援引《民诉法》第 14 条之情形。但是，该推定是可推翻的。

12. 在一起执行新加坡最高法院判决的案件里，马德拉斯高等法院认为：②

具有下列情形之一的，便可认定原审法院具有管辖权：(1)被告为判决作出国国民；(2)诉讼提起时被告居住于判决作出国；(3)被告以原告身份选择了诉讼法院，并在该法院被反诉；(4)被告主动出庭；(5)被告已经以合同约定判决作出国法院具有管辖权。

13. 印度最高法院③在类似情况下会考虑"在认定外国判决的域外有效性之

① AIR 1991 Ori 263 at 266.

② *Ramanathan Chettiar v Kalimuthu Pillai* AIR 1914 Mad 556 at [3].

③ *Maloji Nar Singh Rao v Shankar Saran* AIR 1962 SC 1737.

前,需要通过哪些条件来认定原审法院是否具有管辖权"。在一起外国法院单方作出若干款项的赔偿判决中,被告在法院传唤令状送达的情况下并未出庭,法院依据霍尔斯伯里的《英格兰法》①认定没有满足任何一判定条件(与上一段所列条件相似),即原法院不具有管辖权。

14. 印度最高法院进而依赖枢密院的一项决定,后者认为:②

在一对人诉讼中,没有任何可以援引上述管辖权条款的理由。在被告无论如何都没有承认外国法院具有管辖权的情况下,依国际法该院所作的缺席判决是绝对无效的。被告并无执行判决的义务;除判决作出国(当地方立法有特别授权时)认为其有效外,法院或任一国家都应将其视为无效判决。

15. 以下为印度法院裁定外国法院不具有管辖权,因而其判决或裁定不可执行的情形:

(a)外国法院所作之缺席判决绝对无效,换言之,判决并非有效,不会在境外法院得到执行。③

(b)该诉讼已立案受理,审理过程中一名被告死亡,则应由并不居住在法院国的、国外的法定代理人代其参与诉讼。法院认为,国际私法规则适用的关键时间点应是该诉立案受理之时。因此法院认定代理人虽为外国人,但仍应受此判决约束,故《民诉法》第13(a)条无法适用。④

(c)诉讼提起时,被告于新加坡一家合伙企业从事业务活动。该诉涉及与该企业相关贸易往来,外国法院针对被告作出了单方裁定。(印度)法院认为,仅凭合同签订地在外国的这一事实无法推论出被告个人受该外国法院裁决约束的结论。因此,法院认为,作出该裁定的外国法院并不具有管辖权。⑤

(d)合同签订地位于外国这一事实,并不等于外国法院在对人诉讼中具有合格管辖权。另外,如果当事人对外国法院的单方裁定抗辩失败,也不意味着当事人承认了外国法院的管辖权。接受外国法院的管辖必须在判决作出之前表示。⑥

---

① 第3卷(第3版),第144页,第257段。

② *Sirdar Gurdial Singh v Maharaja of Faridkot* XXII ILR Calcutta 222 at 238.

③ *Kukadap Krishna Murthy v Godmatla Venkata Rao* AIR 1962 AP 400.

④ *Andhra Bank Ltd v R Srinivasan* AIR 1962 SC 232.

⑤ *R M V Vellachi Achi v R M A Ramanathan Chettiar* AIR 1973 Mad 141. See also *K N Guruswami v Muhammad Khan Sahib* AIR 1933 Mad 113.

⑥ *Ramkisan Janakilal v Seth Harmukharai Lachminarayan* AIR 1955 Nag 103.

(e)(原告)基于合同纠纷在英国对一位印度人(被告)提起诉讼。该合同受英国法调整。法院认为,在合同中仅仅约定支付方式受英国法支配,仅凭此无法得出被告愿意接受英国法院管辖的结论。[①] 在判决的附带意见里,印度法院注意到即使合同受英国法约束,但并不意味着英国法院取得了国际管辖权,尽管(受英国法约束)可以引发诉因。[②]

(f)当事人作为原告在外国提起诉讼,并不意味着其在之后的诉讼中均认为法院具有管辖权,这些诉讼是指任何人或基于任何诉因,对其提起反诉。[③]

(g)事实如下:在外国法院提起的诉讼,所涉交易系由被告代理人在其对代理人具有代理权的期间内实施,但该代理权在该诉立案受理之日失效,被告代理人生活在该外国国家,仅此事实无法认定该外国法院具有合适管辖权。[④]

16. 因此,如果被告并非外国公民或居民,之后没有作为被告参与诉讼,也没有自愿出庭或者以任何方式同意接受该国法院管辖,则不能认定这样的外国法院具有适格管辖权。在外国签订合同或者营业同样也不能认定构成其以个人身份,接受该外国法院的管辖权。

17. 以下为印度法院裁定外国法院有管辖权的案例:

(a)(被告)在一项国外进行的简单诉讼中,在外国法院申请准许抗辩的行为,可视为自愿接受该法院的管辖。[⑤]

(b)如果被告出庭,对外国法院提出管辖权异议且对实体问题进行抗辩,则可认为其自愿接受了该法院的管辖。[⑥] (被告)提出反诉之行为等同于对实体问题进行辩论,构成其接受该法院之管辖。

(c)通过当事人的行为或是具体情形足以推论出其已接受外国法院的管辖。在一起未决诉讼中,原告申请对被告某些财产实行判决前扣押。被告在回信中认可了扣押,同时仅提出了让步请求,且此请求并非附条件的。然而此项请求被法院驳回。法院在被告未到庭的情形下作出了判决。被告可视为已接

---

① *I&G Investment Trust v Raja of Khalikote* AIR 1952 Cal 508.

② *I&G Investment Trust v Raja of Khalikote* AIR 1952 Cal 508. See also *MoazzinHossein Khan v RaphaelRobinson* ILR 28 Cal 641.

③ *Thirunavakkaru Pandaram v Parasurama Ayyar* AIR 1937 Mad 97.

④ *Vithalbhai Shivabhai Patel v Lalbhai Bhimbhai* AIR 1942 Bom 199.

⑤ *Shalig Ram v Firm Daulatram Kundanmal* AIR 1967 SC 739; *Lalji Ram and Sons v Firm Hansraj Nathuram* AIR 1971 SC 974.

⑥ *Chormal Balchand Firm v Kasturi Chand* AIR 1938 Cal 511 at 516.

受外国法院的管辖。①

(d)审判中,法院指派委员会②传唤及询问被告。被告出庭后,认为该法院并无管辖权,并对询问与交叉询问中提出的问题表示抗议。此时可认为该被告接受了外国法院的管辖。③

(e)被告对初审法院提出了管辖权异议,但是未对上诉法院或是最高法院之上诉之特别许可提出管辖权异议,则可认定其接受了法院的管辖。④

18. 综上所述,如果被告自愿参与庭审并就案件进行实体辩护、提起反诉或申请准许抗辩、同意作为证人接受询问或在任一诉讼阶段放弃对管辖权的异议,则均可认为被告接受了外国法院的管辖。

ii. 非实体判决

19. 在 Mallappa Yellappa Bennur v Raghavendra Shamrao Deshpande 一案中,⑤印度法院认为,尽管依《民诉法》第 13(b)条的规定,印度法院不能就原判之实体问题进行审查,但是其有权判断原判是否已经处理了实体问题。

20. 在 RMVV Vellachi Achi v RMAR Ramanathan Chettiar 一案中,⑥马德拉斯高等法院认为,如果外国法院的判决未解决实体问题,那么无论其适用了何种审判程序,该判决并不具有终局性。另外,马德拉斯高等法院还指出,根据《民诉法》第 13 条规定,如果被执行人拒绝执行外国裁定或判决,那么其需承担该裁决不具执行性之举证责任。

21. 以下案例中,印度法院认为未处理实体问题之外国判决不具确定性:

(a)原告向英国法院提起诉讼,要求作为某公司合伙人的被告还款。被告称他并非该公司的合伙人,且债务并未到期。因为被告没有回答某些质询,所以法院未考虑被告的辩护意见而作出了有利于原告的判决。当原告向印度法院提出执行请求时,被告提出反对意见,认为该判决未对实体问题进行解决,不属于《民诉法》第 13 条规定之确定性判决。枢密院认为,既然外国法院在做判

① *Oomer Hajee Ayoob Sait v Thirunavukkarasu Pandaram* AIR 1936 Mad 552.

② 在印度法院体系内,法院可以委托其他法院或是个人来从事取证、调查、查账或是析产等行为。对他国法院的委托须通过"请求书"的方式进行。

③ *V Subramania Aiyar v Annasami Iyer* AIR 1948 Mad 203.

④ *British India Steam Navigation Co Ltd v Shanmughavilas Cashew Industries Ltd*(1990) 3 SCC 481 at 495.

⑤ AIR 1938 Bom 173 at 177.

⑥ AIR 1973 Mad 141 at 145,[31].

决时未曾考虑过被告的辩护意见，这就如同被告未曾提出过抗辩，加之其未对原告的主张进行调查，那么该判决不属于《民诉法》第13(b)条所规定的确定性判决，不能在印度得到执行。[①]

(b)原告没有对自己的主张提交证据加以证明，法院据此作出之单方判决和裁定依民诉法第13(b)条不能得到执行，因其未对实体问题作出判断。[②]

(c)新加坡法院因拒绝被告提出准许抗辩之请求而作出的裁定，并非《民诉法》第13(b)条规定之确定性判决。[③]

(d)2009年《英国最高法院规则》第14号令[④]规定，(法院于)简易程序中所做之缺席判决：被告未出庭且未提出任何抗辩，又未考虑原告提交之证据；此为未对实体问题作出处理之判决，因而并非《民诉法》第13(b)条规定之确定性判决。所以不能在印度得到执行。[⑤]

(e)诉讼中当事人提交了证据，且法院根据证据作出了判决，即使判决是单方判决，也对当事人有约束力。本案中，法院判令被告缴纳部分诉讼费用作为后续抗辩的保证，但被告没有缴纳保证金。基于此种情况，法院作出了不利于被告的判决。根据《民诉法》第13条的规定，印度法院认为该判决和裁定不能在印度得到执行。[⑥]

(f)印度最高法院在解释《民诉法》第13(b)条时认为，判决应为双方当事人之间进行辩论的结果。仅是对争议作出的书面回应而未接受法院的管辖；或亲自出庭或委托代理人出庭提出管辖权异议，这些行为不能认为该院已对实体问题进行了裁决。[⑦]

(g)被告参与诉讼并向法院提交了书面意见，但开庭当天并未出现。法院未审查任何证据，作出了判决。马德拉斯高等法院认为，判决未对实体问题进行裁判，不是《民诉法》第13(b)条规定下的确定性判决。[⑧]

(h)一份业已对实体问题处分的裁决应包含法院对原告诉求真实性的判

① *D T Keymer v P Viswanatham* AIR 1916 PC 121.

② *Gurdas Mann v Mohinder Singh Brar* AIR 1993 P&H 92.

③ *K M Abdul Jabbar v Indo Singapore Traders P Ltd* AIR 1981 Mad 118.

④ SI 2009 No 1603.

⑤ *Middle East Bank Ltd v Rajendra Singh Sethia* AIR 1991 Cal 335.

⑥ *M K Sivagaminatha Pillai v K Nataraja Pillai* AIR 1961 Mad 385 388.

⑦ *Y Narsimha Rao v Y Venkata Lakshmi* (1991) 3 SCC 451.

⑧ *B Nemichand Sowcar v Y V Rao* AIR 1946 Mad 448.

断。若一份裁决是法院在充分考虑证据的基础上作出的,就算其是一份单方裁决,也能认定是对实体问题的裁决。未曾考虑证据而仅依据诉求而作出之裁决则不能认定为是对实体问题的裁决。①

22. 综上所述,外国法院通过简易程序作出的判决,或在被告缺席时,或者在被告被剥夺辩护权时,或未曾考虑原告之证据所做的判决皆不能认定为已对实体问题作出处理之判决,因而不能在印度得到执行。

23. 下列案例为印度法院认为已对实体问题作出判断的裁决:

(a)被告没有进行任何辩护,而只是申请延期审理。法庭拒绝了被告的请求,并依原告提交的证据作出了判决,此时认为该判决已对实体问题作出判断。②

(b)孟买高等法院认为,裁定一项判决是否已对实体问题作出判断的真正标准,是看该判决是否已对原告的诉求进行了适当考量,还是已对被告的任何行为作出了惩处。法院若已对原告的主张做了调查,那么即使为"一面之词",但被告基于《民诉法》第13(b)条所提出之反对(执行判决)的主张不能成立。③

(c)被告参加了外国法院的审判且提交了书面说明。然而在开庭日,他的律师退庭以获被告的进一步指示,而且被告本人也未出庭。在被告单方作出处分行为后,法院在充分听取原告对实体争议的请求的基础上,最后作出了有利于原告的判决。印度法院可认定,该外国裁定和判决已对实体问题作出处理。④

(d)被告书面通知原告,同意法院作出对其不利的判决。印度法院认为,既然被告同意,那么这种情况就不能认为该判决是未对实体问题作出处理的判决。⑤

(e)即使案件中有一项诉讼请求未做处理,也不能据此认为该项判决未对实体问题作出处理。⑥

(f)审判中外国法院调取了证据,询问了证人,随后在口头证据和书面证据的基础上作出了判决,那么可认定该判决已解决了实体问题,即使被告未出庭,

---

① *A N Abdul Rahman v J M Mahomed Ali Rowther* AIR 1928 Rangoon 319.

② *Ephrayim H Ephrayim v Turner Morrison & Co* AIR 1930 Bom 511 at 515.

③ *Gajanan Sheshadri Pandharpurkar v Shantabai* AIR 1939 Bom 374.

④ *Trilochan Choudhury v Dayanidhi Patra* AIR 1961 Ori 158.

⑤ *Mohammad Abdulla v P M Abdul Rahim* AIR 1985 Mad 379 at 382 and 383.

⑥ *Wazir Sahu v Munshi Das* AIR 1941 Pat 109 at 112.

也不能将此结论推翻。①

(g)外国法院所做的裁定和判决有可能是单方面的,但是若是法院根据对当事人提交证据之考量而作出的,即使是单方面的,也是对实体问题的处理。②

24. 综上所述,只要外国法院的判决是在调查了原告的诉讼请求,衡量了原告所提交的证据,以及询问了证人的基础上作出的,那么即使是单方判决,也能认定其是实体判决。

iii. 准据法

25. 在遗嘱检验程序中,外国法院拒绝对被继承人位于英属印度的不动产适用英属印度的法律,该外国法院所作出的判决被认定为不可执行。③

26. 外国法院对双方皆在印度的当事人,针对位于法院管辖权范围内的不动产权纠纷作出的判决,只要该法院有适格管辖权④且该判决没有任何违反《民诉法》第13条之处,该判决应为确定性判决。但是,若不动产所在地并不位于法院有效管辖范围内,就算这两起诉讼诉因相似,其所作判决也并非有效。因为不动产继承应受物之所在地法约束,因此不动产所有权必须由财产所在地国法院审理。⑤

iv. 自然正义

27. 印度最高法院认为,"如果一项外国判决是当事人通过欺诈的方式取得的,或诉讼程序违反了自然正义原则,那么该判决是不具有既判效力的,这是国际私法的一项通用准则"。⑥

28. "违反自然正义",是指审理法院违反常规审判程序,不涉及对实体问题作出处理。外国裁决只要违反了《民诉法》第13条的任意一款,即可推翻。当然这并不包括裁决采信证据或者适用法律错误。事实上,外国裁定或判决里有法律适用错误并不意味着其违反了自然正义原则。而应是裁定或判决作出之前的审理行为与自然正义有抵触之处。换句话说,法院在审判时必须保证未剥

---

① *Vithalbhai Shivabhai Patel v Lalbhai Bhimbhai* AIR 1942 Bom 199 at 202.

② *S Jayam Sunder Rajaratnam v K Muthuswami Kangani* AIR 1958 Mad 203. 该判决是遵循 *M KSivagaminatha Pillai v Nataraja Pillai* AIR 1961 Mad 385 作出的。

③ *Panchpakesa Iyer v K N Husain* AIR 1934 Mad 145.

④ 参见上文第9~18段。

⑤ *Duggamma v Ganeshayya* AIR 1965 Kant 97.

⑥ *Lalji Raja & Sons v Firm Hansraj Nathuram* AIR 1974 SC 1764 at 1768.

夺被告方表达己方观点,为自己辩护的权利。[①] 因此,如果法院未曾将诉讼告知被告便作出了判决,那么这是违反自然正义的判决,将无法在印度法院得到执行。

29. 本案中,中国香港特别行政区法院与印度法院皆给予了被告充足的抗辩机会,但被告并未能合理使用。在这种情况下,印度法院认为诉讼的任何方面都没有违反自然正义,获得外国判决的程序也没有违反自然正义原则。[②]

v. 欺诈

30. 所有因欺诈获得之内国判决或裁定、外国判决或裁定,无论因外在欺诈还是内在欺诈,皆属无效。因此,基于在管辖权事项上的欺诈(外在欺诈)而获得之判决不能依《民诉法》第 13 条获得承认,因其违反了公共政策且违反了实质正义。[③]

31. 关于内在欺诈,印度最高法院认为,"已明确的法律观点是,通过欺骗法院而取得的裁定或判决是无效的,从法律的角度看(这种裁定或判决)是不应存在的"。[④] 法院进一步认为,"(一方)诉讼当事人有义务将与诉讼有关的全部文件交付法院审理。如果为了自身利益而保留了至关重要的文件,那么可以认为这是一种欺诈法院及对方当事人的行为"。[⑤]

vi. 违反印度法

32. 外国判决中得到认可的诉求若是违反了现行有效的印度法,则该判决不具有确定性,亦不能在印度得到执行。

33. 根据印度 1973 年《外汇管理法》的规定,[⑥]在印度提起执行有关保证的外国判决之诉,该保证需经印度储备银行或中央政府准许。该法对相关的法律程序均作出了特别规定,即使国外的程序也不能违反印度法的规定。在印度执行涉及保证的外国判决前,须得到印度储备银行或中央政府的准许。[⑦]

---

① *Sankaran Govindam v Lakshmi Bharathi* AIR 1974 SC 1764.

② *ABN v Satish Dayalal Choksi* AIR 1990 Bom 170.

③ *Satya v Teja* AIR 1975 SC 105.

④ *S P Chengalvaraya Naidu v Jagannath* AIR 1994 SC 853 at [1].

⑤ *S P Chengalvaraya Naidu v Jagannath* AIR 1994 SC 853 at [6].

⑥ 1973 年第 46 号法。

⑦ *ABN v Satish Dayalal Choksi* AIR 1990 Bom 170.

B. 金钱判决

34.《民诉法》第 44A 条项下可执行的外国裁定和判决是与金钱给付直接相关的裁决。该款在性质上不属于税收或其他类似性质的费用,也不同于罚金、罚款又或是仲裁裁决费用。① 加尔各答高等法院表示,“从某种意义上而言,(裁定或判决)须是由法院民庭作出的纯粹的金钱给付裁定或判决。因此,互惠国上级法院作出的所有裁定或判决是不能通过印度的地方法院来执行的”。②

35. 印度法院贯彻判决可分性原则,即无论何种原因导致裁决的一部分无效或无法执行,不受无效性影响的剩余部分可以得到执行,条件是这两部分并非密不可分。印度最高法院认为,判断一份判决的有效或无效的适当标准,需从“实质”上看,而不是依“判决文书的结构”决定。并进一步认为,剔除判决中琐碎和技术性部分,保留主要且实质性部分以及判断后者的合法性和可执行性是法院的义务。③

36. 据此,如果外国判决中有部分无效而无法得以执行,但其余部分与不可执行部分是可以分开的,且符合《民诉法》第 13 条的所有条件,那么该部分判决可以得到执行。

37. 在申请执行得克萨斯州法院所做的一项金钱判决中,申请人(原告)请求法院颁发临时禁令,禁止被告转移自己的动产与不动产。而孟买高等法院认为,并没有实质性证据表明如果不禁止被告转移自己的财产,原告将无法执行他们最终可能获得金钱判决,证据也不能表明被告为了有意不履行可能作出的金钱判决而转移自己的财产。④

38. 对于外国法院作出的一项涉及费用和利息给付的中间判决,印度最高法院认为,这是一项确定性且实质性的裁定。它认为,(该项裁定)已明确了费用给付数额,具备了金钱判决给付费用的特征,不能将其等同于罚金、罚款、向地方组织或政府缴纳的税款或者其他相似性质的款项。另外,最高法院还强调,尽管《民诉法》没有对外国判决中款项的利息作出规定,但印度法院有权确

① Code of Civil Procedure, 1908 (Act V of 1908) s 44A, Explanation 2.

② *Radhamani India Ltd v Imperial Garments Ltd* AIR 2005 Cal 47 at [6].

③ *Shin Satellite Public Co Ltd v Jain Studios Ltd* (2006) 2 SCC 628.

④ *Swan Mills Ltd v Dhirajlal* (2 February 2012) (Bombay High Court) at para 6.

定利息数额的执行。根据英国 1838 年《判决法》,[①]不超过相关款项 8% 的利息,可在印度得到承认与执行。[②]

39. 需要指出的是,为了避免歧义,如宣告性命令、实际履行令或禁令,以及外国财产冻结令[③]等非金钱判决,也可以按照《民诉法》第 13 条规定得到承认与执行。

C. 对物判决

40. 印度 1872 年《证据法》第 41 条[④]中虽没有使用"对物判决"这一表述,但是将对物判决内容写入了该法。对物判决涉及如下终局判决、命令或裁定,即外国适格法院在行使遗嘱认证、婚姻、海事、破产等管辖权时,作出授予或剥夺任何人法律权利,或者宣布任何人获得这种权利,当涉及任何这种物的存在时而作出的终局判决、命令或裁定。此类判决在诉讼当事人或利益关系人之间的事项上是具有确定性的。[⑤]

41. 在 Duggamma v Ganeshayya 案中,[⑥]卡纳塔克邦高等法院认为,"英国法院不承认外国法院作出处理英国不动产物权的判决,这同样也是印度最高法院在 Viswanathan's 一案中的裁定依据"。[⑦]

D. 选择法院协议

42. 印度法没有明文规定当事人可以通过合同选择法院。同时,印度不是 2005 年 6 月 30 日海牙《选择法院协议公约》的缔约国。但是依印度法,当事人

---

① 第 110 章。

② *M/s Alcon Electronics Pvt Ltd v Celem SA of Fos* 34320 *Roujan*, *France* [2016] INSC 861 (2016 年 12 月 9 日)(印度最高法院).

③ 关于自己在判决之前作出中间命令的权利,印度最高法院大量援引了澳大利亚和新西兰法院的判决,认可了玛瑞瓦禁令:*MVAL Quamar v Tsavliris Salvage* AIR 2000 SC 2826。

④ 1872 年第 I 号法案。

⑤ AIR 2000 SC 2826. In *M V Elisabeth v Harwan Investment and Trading Pvt Ltd* 1992 (1) SCR 1003 at [48],法院认为:原告试图对一艘外国船舶提起海事诉讼,如果该船已经驶离,或是外国船东在该法域内没有财产或居所,那么原告是得不到任何有效救济的。因此,无论何时只要原告感觉船舶有可能驶出法域,权益无法得到保证,他都可申请扣船令。

⑥ AIR 1965 Kant 97.

⑦ *Viswanathan v Rukn-ul-Malik Syed Abdul Wajid* AIR 1963 SC 1, cited in *Duggamma v Ganeshayya* AIR 1965 Kant 97 at [14]. 此案中,法院认为,不动产继承依物之所在地法,不动产权利应由财产所在地国法院裁定。

之间签订的限制任何一方当事人通过法律程序在法院寻求救济的合同无效。①

43. 然而,如果两个或两个以上的法院均对案件有管辖权,那么双方当事人通过协议选择法院进行诉讼的行为是有效的,因为当事人之间的协议并不意味着剥夺了其他法院的审判权,也没有违反公共政策或是 1872 年《合同法》第 28 条的规定。②

44. 某案中,双方当事人约定“本协议受加尔各答法院管辖”。但一方当事人向拉贾斯坦邦高等法院提起了诉讼,印度最高法院认为,在这种情况下,拉贾斯坦邦高等法院没有属地管辖权。③

45. 合同中若以清楚、明确以及特定的用语规定了“排除条款”(ouster clause),则对双方当事人产生约束力,其他法院也应避免行使管辖权。印度最高法院认为,即使在当事人约定的排除条款中没有出现“只有”“仅仅”“排他”等相关词汇,但“明示其一,排除其他”这一格言,在合同中专门约定管辖权的适当案件可以得到适用。④

46. 当事人不能通过约定赋予无管辖权的法院对诉讼标的享有管辖权。⑤此外,当事人在两所法院中进行选择时,首先应保证这两所法院均有管辖权,且当事人约定之选择法院协议表述应清晰明确、毫无歧义。⑥

E. 相互冲突的判决

47.《民诉法》中有条款限制了同一当事人就同一争诉提起重复诉讼。尽管如此,外国法院正在进行之审判不能排除印度法院基于同一诉因行使管辖权。

48.《民诉法》第 11 条规定了既判力原则。前诉中直接和实质性争议事项与后诉中直接和实质性争议事项相同,当事人相同,且后诉已获得适格法院之受理、审判以及最终判决,印度法院则不能再次受理。⑦

---

① 1872 年《印度合同法》第九章第 28 条。

② *ABC Laminart Pvt Ltd v A P Agencies, Salem* AIR 1989 SC 1239; *Globe Transport Corp v Triveni Engineering Works* 1983 (4) SCC 707; *Hakam Singh v GammonIndia Ltd* AIR 1971 SC 740; *A V M Sales Corp v Anuradha Chemicals Pte Ltd*(2012) 2 SCC 315.

③ *Swastik Gases Pte Ltd v Indian Oil Corp Ltd* (2013) 9 SCC 32.

④ *Hakem Chand v Gammon (India) Ltd* (1971) 1 SCC 286; *Insulations v Davy Ashmore India Ltd* (1995) 4 SCC 153.

⑤ *Patel Roadways v Prasad Trading Co* AIR 1992 SC 1514.

⑥ *Hanil Era Textiles Ltd v Puromatic Filters (P) Ltd* (2004) 4 SCC 671.

⑦ 同时参见 1908 年《民诉法》第 10 条(1908 年第 5 号令)。

49. 任何不属于《民诉法》第13条规定之例外情况的外国判决,应是直接处理完相同当事人之间争议事项的确定性判决。

50. 印度最高法院声明:①

《民诉法》第11条规定的既判力原则,其目的与宗旨在于维护判决确定性这一规则。在相同当事人之间提起的每一后诉中,应认可已认定的事实或适用的法律。一旦有管辖权的法院对双方当事人之争议作出了最终判决,任何一方当事人均不能就同一案件重新提起诉讼。为了使诉讼终结以免给另一方造成困扰,该项规则被以成文法的方式加以肯定。

51. 在另一案件中,印度最高法院更为详尽地阐述了既判力原则:②

既判力原则是一项普适性原则,它依托于两项古老的原则,即……国家利益原则和一事不再理原则。前者是指诉讼必有终结之日,后者意指任何人不得因同一诉求受两次起诉和审理。既判力原则是所有文明国家民事法律体系的基本原则之一,其含义是经由适格管辖权之法院作出之判决应为对案件争诉问题作出终局且确定之判决,永远地平息此项争议。

52. 值得注意的是,《民诉法》中关于既判力原则的运用是十分广泛的。只要涉及"前诉中直接或实质性争议"③或者"该前诉中其他可能是或确定是对已决案件的辩护或攻击事项"都适用该项原则,④而对外国判决的确定性原则只涉及"(法院)直接作出判决的案件"。⑤

53. 德里高等法院向被告签发临时禁令,禁止其向伦敦法院提起诉讼。对此法院认为:⑥

初步证据表明,被告(位于伦敦)在印度最高法院作出上诉之特别许可期间

---

① *Swamy Atmananda v Sri Ramakrishna Tapovanam* (2005) 10 SCC 51 at [31].

② *M Nagabhushana v State of Karnataka* (2011) 3 SCC 408 at [14].

③ 1908年《民诉法》第11条。

④ 1908年《民诉法》第11条,解释第4条。

⑤ 1908年《民诉法》第13条。

⑥ *Union of India v Videocon Industries Ltd* (5 March 2012) at para 111.

寻求在伦敦提起诉讼。这一行为是不合情理的,无理纠缠以及难以忍受的,同时也是对法律程序的滥用。这不仅使原告被迫在国外应诉,过度增加其成本,而且再次将原告置于诉讼的非方便与不确定性之中。(当事人权利义务)便利的平衡也倾向从原告的立场考虑,因为重复诉讼很可能导致相反或冲突的判决结果出现。

54. 综上,如果印度法院和外国法院判决之间发生冲突,这就只能具体问题具体分析。如果两个案件中对同一问题有分歧并直接作出判决,先作出的判决效力优先。如果相互冲突的两份判决源自两个不同的外国法院,那么(印度法院)首先应根据《民诉法》第13条规定的条件对这两项判决进行审查,最后再考虑诉因与哪个国家具有更密切的联系。

国别报告

印度尼西亚*

报告人：Yu Un Oppusunggu 博士
印度尼西亚大学法学院讲师

A. 导言

1. 印度尼西亚法律允许当事人自由选择外国法院来解决纠纷。此种做法的基本原理是合同自由原则。

2. 本报告表明,外国民商事判决并不能在印度尼西亚自动执行,原因是复杂的。过去,印度尼西亚法律体系中缺乏专门调整这一问题的制定法。① 因此,报告首先对印度尼西亚立法的基本背景做简要阐述,然后对独立后颁布的相关立法,以及以印度尼西亚宪法过渡条款为基础的、仍具有效力的殖民地时期的相关法律内容进行论述。② 注意,法学原理和原则作为补缺法在法院处理外国判决这一问题上扮演着重要的角色。

B. 外国判决在印度尼西亚的承认与执行

i. 印度尼西亚相关法律概览

3. 一般而言,印度尼西亚法律及其渊源具有多样

---

* 在此感谢 Priskila P. Penasthika 和 Yvonne K. Nafi 在报告准备阶段提供的帮助。脚注中会涉及以下缩略语:Staatsblad[荷属东印度群岛政府公报]("荷属"),印度尼西亚共和国政府公报("印度尼西"),印度尼西亚共和国政府补充公报("印度尼西亚")。

① 参见下文第 9 ~ 11 段。

② 即 1954 年《印度尼西亚共和国宪法》。参见下文第 8 ~ 11 段。

性。造成多样性的重要原因便是这个国家的历史。在殖民时期,荷属东印度政府将人口分为三类:欧洲人、外来东方人和土著居民。不同的人受不同的实体法约束。有多个法庭解决纠纷,形成了复杂的司法体系。① 1945 年印度尼西亚获得独立后,各种全国性立法代替了殖民时期的实体法。尽管国家努力推行全国性立法,但印度尼西亚法律的重要组成部分具有殖民的渊源。这些法律中,一部分除了在语言上将荷兰语翻译为印度尼西亚语之外,内容上并没有做任何的变动;另一部分则进行调整以反映印度尼西亚共和国宪政结构。因为印度尼西亚并没有关于国际私法的法典或法规,所以包括民事诉讼法在内的制定法既适用于内国也适用于外国案件。

4.《司法权法》在最高法院之下另设四种法院,即普通法院、宗教法院、军事法院和行政法院。②

5. 普通法院审理印度尼西亚的民事和刑事案件,分为三级,包括作为一审法院的地方法院、③作为上诉法院的高级法院以及作为再审法院的最高法院。亚洲金融危机之后,商事法院④作为一种特殊的普通法院,被引入到印度尼西亚司法体系中。第一所商事法院便设立在雅加达中心地方法院内部。⑤ 现在,商事法院可作为一审法院对知识产权纠纷⑥以及银行结算纠纷行使管辖权。⑦

ii. 民商事案件

6. 印度尼西亚民法和商法之间没有清晰的界限。重要原因之一,在于《民

① 参见下文第 8 ~ 35 段。

② Article 25:1 of the Law No 48/2009 on Judiciary Power (SGRI 2009 - 157, SSGRI 5076).

③ 地方法院经常被译为地区法院,但是这样会造成理解混乱。因为其他类型的法院——宗教法院、军事法院以及行政法院——也会被分为诸多的地区性法院。

④ Article 280:1 of the Government Regulation in lieu of Law No 1/1998 on the Amendment to Insolvency Law (SGRI 1998 - 87, SSGRI 3761). 在 No 4/1998 on the Institution of the Government Regulation in lieu of Law No 1/1998 on the Amendment to the Insolvency as Law,在此基础上,政府法规转化成了法律。No 37/2004 on Insolvency and Postponement of Debt Repayment (SGRI 2004 - 131, SSGRI 4443)取代了前法。

⑤ Article 281:1 of the Government Regulation in lieu of Law No 1/1998.

⑥ Eg, Art 95:2 Law No 28/2014 on Copyrights (SGRI 2014 - 266, SSGRI 5599).

⑦ Article 50 of the Law No 24/2004 on Indonesia Deposit Insurance Corporation (SGRI 2004 - 96, SSGRI 4420) as amended by Law No 7/2009 on the Institution of Government Regulation in lieu of Law No 3/2008 on Amendment to Law No 24/2004 on Indonesia Deposit Insurance Corporation as Law (SGRI 2009 - 8, SSGRI 4963).

法典》和《商法典》之间的联系密切。[1] 当民法典和商法典同时对某一事项作出规定时，商法典作为特别法，其规定得以优先适用。[2] 然而，对于判决来说，当民事案件中同时包含着商事内容时，印度尼西亚法院将商事判决从非商事的民事判决中区分开，将商事判决交由商事法院处理。

7. 对于（民商事判决的）区分，印度尼西亚加入 1958 年《有关外国仲裁裁决承认与执行的公约》（《纽约公约》）[3]可谓是具有里程碑的意义。基于该公约第 1 条第 3 款规定，印度尼西亚最高法院认为，承认与执行的外国仲裁裁决事项应当属于印尼法认定的商事法律范畴。[4]《仲裁法》[5]中也有类似条款，只是采用了不同的法律术语，用"贸易法"[6]来代替"商事法律"。根据此条，贸易法特别包括了商事、银行、金融、投资、工业以及知识产权等法律关系。[7] 本报告人认为，此种解释同样可适用于承认与执行外国判决的范围上。

iii. 法院以及民事诉讼制定法

a. 非法典化的民事诉讼

8. 印度尼西亚调整民事诉讼程序的制定法分散在几个法规中。这些法规可以分为调整民事诉讼和司法权两类。前者包括适用于爪哇岛和马都拉岛的《印度尼西亚条例（修订）》[8]以及适用于其他列岛的《塞舌尔外岛条例》。[9] 这些法律是地方法院（之前荷兰语称为"landraad"）进行民事诉讼的法律依据。地方法院设立之初衷是为解决土著居民之间的各种纠纷，部分体现了印度尼西亚法律习惯和社会需要中的殖民地色彩。独立后的 3 年内，地方法院的管辖权逐步扩大。

9. 除地方法院之外，荷属东印度还设立了司法法院，审理民法典以及商法

---

① S 1847 – 23（两部法典）.

② 11 Commercial Code, Art 1, para 1.

③ Presidential Decree No 34/1981（SGRI 1981 – 40）.

④ Supreme Court Regulation No 1/1990 Art 3, para 2.

⑤ Law No 30/1999 on Arbitration and Alternative Dispute Settlement（SGRI 1999 – 138, SSGRI 3872）.

⑥ Point b of Art 66 of the Law No 30/1999 on Arbitration and Alternative Dispute Settlement（SGRI 1999 – 138, SSGRI 3872）.

⑦ Elucidation to point b of Art 66 of the Law No 30/1999 on Arbitration and Alternative Dispute Settlement（SGRI 1999 – 138, SSGRI 3872）.

⑧ S 1941 – 44.

⑨ S 1927 – 227.

典项下的纠纷。那时,两部法典专门适用于欧洲人或外来东方人之间的民商事纠纷。同时,司法法院还负责处理地方法院的上诉案件,适用的是《民事诉讼法典》。①

10. 1942 年日本殖民政府重组了印度尼西亚的司法体系。它废除了司法法院,保留了地方法院,并将原司法法院的权限移交给地方法院。随后,《民事诉讼法典》不再具有制定法的效力。

11. 自此以后,法院就以《印度尼西亚条例》以及《塞舌尔外岛条例》为依据来处理民商事案件。尽管《民事诉讼法典》已不再是制定法,但是其中某些条款仍具重要意义。根据法理,当《印度尼西亚条例》和《塞舌尔外岛条例》对某一事项均未作规定时,《民事诉讼法典》的某些条款将起指引作用。② 按照法官造法的方式,法官们可以参照《民事诉讼法典》的部分条款,而不用说明其来源。③当诉诸法律程序时,法学专家赞同法院使用《民事诉讼法典》的某些规定。

12. 独立之后,印度尼西亚出台了几部有关司法的法律,现行有效的是《司法权法》。此外,规范最高法院④及其统辖的下级法院的法律里亦有调整民事诉讼程序的规定。很明显,对于外国仲裁裁决而言,印度尼西亚最高法院的规定同样具有重要意义。这些规定包括如何管理司法的命令与指南,下发到下级法院,这毫无疑问会影响民事诉讼。

b. 法理和学说

13. 在印度尼西亚,除成文立法之外,法理和学说也是制定法的组成部分。法理又被称为判例法。当法官有必要造法时,判例法应运而生,因为法官不能以法律规定不清或并无相关的成文法规定为由拒绝受理案件。⑤ 因此,法律授予法官造法弥补法律漏洞的权力。法理的另外一层含义是审判时为法官所认

---

① S 1847 - 52 as revised by S 1849 - 63.

② Surabaya High Court (13 December 1952) Hukum [Law magazine], No 1 (1954), at p 53.

③ Jakarta Country Court (17 January 1955) Hukum, No 1 - 2 (1956), at p 117.

④ Law No 14/1985 on the Supreme Court (SGRI 1985 - 73, SSGRI 3316) as amended by Law No 5/2004 on the Amendment to Law No 14/1985 on the Supreme Court (SGRI 2004 - 9, SSGRI 4359) as amended further by Law No 3/2009 on the Second Amendment to Law No 14/1985 on the Supreme Court (SGRI 2009 - 3, SSGRI 4958).

⑤ Article 22 of the General Provisions of Legislation for Indonesia (Algemene Bepalingen van Wetgeving voor Indonesiof Legislation for Indonesia) Alg No 48/2009 on Judiciary Power (SGRI 2009 - 157, SSGRI 5076).

可的权威性先例。尽管这些先例影响深远，但是法官并不必然会遵循。[①] 法院实践表明，有些法理具有先例之效力，有些对法官并不具有约束力。遗憾的是，哪些是先例性法理，哪些不是，没有明确的指导。需要特别指出的是，如果下级法院的判决起到了判例法的作用，或者对法官具有导向作用，同样会被视作法学原理。

14. 基于所谓的一致性原则，[②]作为一般规则，对生活在印度尼西亚的欧洲人群适用的民商事法律应当与荷兰当地现行法律相同。因此，印度尼西亚的法官都借鉴学习荷兰法官所做的判决。但是，随着印度尼西亚自身法制的建设，荷兰法院判决的影响力越来越小。

15. 学说是指法学家的言论或观点。印度尼西亚法中学说的存在实则反映了其大陆法系传统。缘于法律形式的多样性，同时也是缘于部分印度尼西亚的法律处于过渡阶段，因而学说的存在具有重要意义。根据《印度尼西亚宪法过渡条款》的规定，殖民地时期的法律均具有过渡性的特点。[③] 学者们一直通过对实然法的解释以及对应然法的建议，弥补法律的漏洞。

c. 判决的种类

16. 印尼法中国际私法规则的缺失导致法官只能从印度尼西亚本国法的角度决定如何处理国际民事诉讼（案件）。法官势必会从国内民事诉讼法的视角看待外国判决。那么，理解判决的种类显得尤为重要。

17. 印度尼西亚法官以判决或者裁定结案。判决是指法官为了解决当事人之争议而作之最终决定。诉讼程序通常因原告向法院提起诉讼开始。裁定则是指法院对申请人之请求所作回应。这是一无争议的程序。印度尼西亚法中没有具体的法律条文区分判决和裁定。这两种不同的裁判种类最初是源于学

---

① Mahkamah Agung Republik Indonesia, Naskah Akademis tentang Pembentukan Hukum Melalui Yurisprudensi [Academic Paper on Law Making through Jurisprudence] (Mahkamah Agung Republik Indonesia, 2005) at pp 57tuka.

② Paragraph 2(a) of Art 131 of the Wet op de Staatsinrichting van Nederland-Indië (S 1925 – 415)，这是荷属东印度群岛的准宪法。

③ Sudargo Gautama & Robert N Hornick, An Introduction to Indonesian Law (Alumni, 1972) at pp 178t N H, 1945 年《印度尼西亚共和国宪法过渡条款》第 2 条规定："在独立之日有效之制度和法律法规继续有效，直到与符合本宪法之新法颁布。"《宪法第四修正案》将此规定分成两个条款。因而《宪法过渡条款》第 1 条现规定如下："现行法律法规维持有效性直至依据本宪法所立之新法颁布。"

者们的学说,但在司法实践中得到广泛适用。①

18. 根据判决作出的时间,可将其分为两种:第一种被称为解决纠纷的最终判决。② 只有最终判决(无论是印度尼西亚判决还是外国判决)才具有可执行性。③ 如果败诉方拒绝履行判决,那么胜诉方可以寻求法院执达员帮助执行判决。当判决的标题中有“基于万能的上帝,为了贯彻公正”的字眼时,表明该判决可被付诸执行。④

19. 第二种判决被称为中间判决,是法院在最终判决作出之前所作的判决,其目的在于加快诉讼的进程和解决当事人的争议。尽管除了最终判决,《印度尼西亚条例》和《塞舌尔外岛条例》提及了其他类型的判决,但其他现行法律中没有中间判决这一概念。对它的阐述仅存在于《民事诉讼法典》之中。

20. 基于判决的性质,学理上将终局判决分为三类:给付判决、确认判决和变更判决。给付判决要求争议一方当事人履行一定的行为,例如,向对方当事人支付一定的金钱;确认判决是指根据当事人的请求,法院作出的确认某种法律关系合法性的判决;变更判决用于以解除某种法律关系(如解除当事人之间的婚姻关系)或者在当事人之间建立新的法律关系(如收养关系)。给付判决属于上文所述之判决,确认判决和变更判决则属于裁定。鉴于印度尼西亚没有关于外国判决的承认和执行的法律规定,可以借鉴此分类进一步了解印度尼西亚法院是如何对待外国判决的。

d. 外国判决

21. 印度尼西亚的法律并没有规定何为“外国判决”。实践中,“外国”是指除印度尼西亚之外的任何一个国家;“判决”则指由任何一个外国的法院或者权力机构所做的司法决定。⑤

---

① Retnowulan Sutantio & Iskandar Oeripkartawinata, Hukum Acara Perdata dalam Teori dan Praktek [Civil Procedural Law in Theory and Practice] (Mandar Maju, 2005) at p 10.

② Article 185:1 of the Revised Indonesian Regulation (S 1941 – 44); Art 192:1 of the Regulation for the Outer Islands (S 1927 – 227).

③ 当事人缺席且未在规定的期限内如14日内行使抗辩权,法院作出的缺席判决可被视为最终判决。

④ Art 2:1 of the Law No 48/2009 on Judiciary Power (SGRI 2009 – 157, SSGRI 5076). Article 54:1 of the Law No 30/1999 on Arbitration and Alternative Dispute Settlement (SGRI 1999 – 138, SSGRI 3872)规定仲裁裁决也应带有此文字表述。

⑤ Yahya Harahap, Hukum Acara Perdata [Civil Procedural Law] (Sinar Grafika, 2008).

e. 承认和执行的原则

22.《印度尼西亚立法总则》第 22a 条[①]确立准则，指明法院的管辖权、判决以及公证文书执行需遵循国际法。该条包含领土主权原则和司法主权原则。[②]在 Nederlandsche Handel Maatschappij NV Agentschap Medan v Jacob van der Jnaap 一案中，[③]印度尼西亚最高法院援引了上述原则，拒绝了当事人撤销[④]荷兰法院所作判决之请求。

23. 根据国际法和上述原则表明，双边或多边的司法合作条约是承认与执行外国判决的一个先决条件。换言之，只有在印度尼西亚同该国签订了双边或多边条约的前提下，该国法院的判决才能在印度尼西亚得到承认和执行。在 PT Nizwar v Navigation Maritime Bulgare 一案中，[⑤]最高法院确认，原则上外国判决以及仲裁裁决不能在印度尼西亚执行。尽管印度尼西亚已经成为《纽约公约》的签约国，但最高法院仍然拒绝签发执行令来执行伦敦仲裁机构所作不利于 PT Nizwar 一方的金钱裁决。因为最高法院认为，执行令的签发需要实施《纽约公约》的国内条例。这一问题最终为最高法院发布的 1990 年第 1 号条例所解决。随后，仲裁法规定了国际仲裁裁决的执行程序。

24. 目前，印度尼西亚没有签署或是加入任何关于外国判决的承认及执行的国际条约。因而结合本国立法，法院没有义务执行外国判决。

25. 然而，本报告人必须指出，在 1978 年，印度尼西亚和泰国曾经签署了司法合作条约。[⑥] 该条约的蓝本是 1965 年 11 月 15 日《民商事司法文书或司法外文书域外送达公约》。尽管条约内容并不包括判决的承认和执行，但该条约旨在简化涉及两国的法律程序。遗憾的是，就目前报告人所知，该条约尚没有得到实际施行。

---

① S 1847 - 23.

② Sudargo Gautama, Hukum Perdata Internasional Indonesia [Indonesian Private International Law] Vol Ⅲ part 2 (Alumni, 1987) at p 279.

③ Reg No 198 K/Sip/1953 (30 March 1955), reported in Hukum, No 3 - 4 (1956), at pp 21198.

④ 撤销是由最高法院的法官对下级法院法官所作裁决中法律适用的审查。

⑤ Reg No 2944 K/Pdt/1983 (1984 年 12 月 29 日).

⑥ Presidential Decree No 6/1978 on Agreement on Judicial Co-operation between the Republic of Indonesia and the Kingdom of Thailand (SG 1978 - 17).

f. 判决的承认与判决的执行是两个不同的概念

26. 印度尼西亚法将外国判决的承认和执行进行区分。学者们认为,进行“承认”时,法院所扮演的角色是消极的,因为它仅需认可外国判决的存在。[①] 而与承认相反,“执行”则要求法院积极地帮助外国判决债权人实现请求。

27. 如果争议的败诉方自愿履行外国裁决,无论是司法和解书还是判决,那么印度尼西亚法院就没有必要去承认或协助执行该判决;但是如果败诉方拒绝合作,那么胜诉方就必须寻求法院帮助以实现其权利。

g. 缺乏外国判决承认及执行的相关规定

28. 无论是《印度尼西亚条例》还是《塞舌尔外岛条例》,均未对外国判决的承认和执行作出规定。其他民事诉讼法规包括《司法权法》亦是如此。因此,法官和学者们只能诉诸《民事诉讼法典》的规定。

h. 关于外国判决的承认和执行的法理及学说

29.《民事诉讼法典》第 436 条第 1 段规定外国判决不可在印度尼西亚执行。尽管有外国判决,但纠纷当事人必须向印度尼西亚法院重新提起诉讼,法院将会重新作出判决。[②] 根据争议的性质,地方法院或是商事法院不会将它视为已决争议。当事人可将外国判决作为表面证据提交。[③]

30. 对于外国判决作为证据提交这一问题,学说认为 Bontmantel arrest 一案[④]是一例证。[⑤] 一荷兰公司首先向英国法院提起诉讼,要求一位英国遗孀支付其丈夫为情妇在本公司购买的外套的货款。英国法院驳回申请后,该公司又向荷兰法院提起诉讼。荷兰法院认为交易是不道德的,因而驳回起诉。尽管《荷兰民事诉讼法典》第 431 条以及类似的《印度尼西亚民事诉讼法典》第 436 条皆规定外国判决不具有既判力,但是,法院可自由考虑和衡量外国判决的价值。

---

① Sudargo Gautama, "International Civil Procedure in Indonesia" (1996) 6 Asian YB Intgo Gautama, "International Civil Procedure in Indonesia" (1996) 6 Asi Hukum Perdata Internasional Suatu Orientasi [Elements of Private International Law An Orientation] (Raja Grafindo Persada, 1994) at p 79.

② Paragraph 2 of Art 436 of the Code of Civil Procedure (S 1847 – 52 as revised by S 1849 – 63). 法院除了可以考虑将外国判决作为初步证据采信外,当重新审理时法院是否将考虑其他因素,没有权威观点。

③ Sudargo Gautama, Essays in Indonesian Law (Citra Aditya Bakti, 1993) at p 447.

④ Hoge Raad [Dutch Supreme Court] (14 November 1924) N J 1831, 890.

⑤ Sudargo Gautama, Indonesian Business Law (Citra Aditya Bakti, 2006) at pp 525Gauta.

31. 在 Harjani Prem Ramchand v Merrill Lynch International Bank Ltd Singapore Branch 一案中，[①]雅加达中心地方法院重申了外国判决在印度尼西亚不具有可执行性的规则。印度尼西亚公民 Ramchand 要求法院宣告：基于新加坡高等法院的判决，裁定 Merrill Lynch 的行为侵权。雅加达法院驳回原告的请求，并认为自己有权审理此案。审判时法院将新加坡的判决视为证据。

32. 当外国判决涉及海上救助的共同海损原则时，情况会有例外。[②]《航运法》规定，为保证船舶航行安全的费用支出，比起所有的债务而言，具有最高优先权。[③] 判决中的债权人必须取得印度尼西亚法院的执行令状才能申请执行外国判决。[④] 但是在申请执行令状的过程中，法院不会重新调查案件事实。共同海损的执行程序现在由《航运法》规定。[⑤]

33. 学者们认为，《民事诉讼法典》第 436 条仅对外国判决的执行作出了规定。[⑥] 因此，它只涉及给付判决，不去考虑外国判决是否为金钱判决。[⑦] 确认判决与变更判决皆不属于《民事诉讼法典》第 436 条第 1 段的调整范围。这两种判决的特性决定了它们仅需获得印度尼西亚法院的承认即可，不需要协助执行。（当然，如果印度尼西亚同判决作出国之间签署了双边或多边条约）根据印度尼西亚法院的公共政策，可以适当地承认外国法院判决。[⑧]

34. 荷兰最高法院作出的两项判决已作为承认外国人身判决的证据。[⑨] 在第一起瑞士儿童抚养费案（1931 年）中，[⑩]荷兰最高法院面临着是否应承认与执行一份瑞士法院的判决的问题。在此份判决里，瑞士法院认可了儿童的非婚生

---

① Central Jakarta Country Court No 389/PDT.

② Paragraph 1 of Art 436 of the Code of Civil Procedure（S 1847 – 52 as revised by S 1849 – 63）and art 724 of the Commercial Code（S 1847 – 23）.

③ Arts 65:2 and 66:4 of the Law No 17/2008 on Shipping（SGRI 2008 – 64, SSGRI 4849）.

④ Paragraph 3 of Art 436 of the Code of Civil Procedure（S 1847 – 52 as revised byS 1849 – 63）. 需要指出的是，《商法典》第 724 条第 5 段（S 1847 – 23）也是如此，《民事诉讼法典》第 436 条第 3 段指定司法法院签发执行令状。

⑤ Article 223:1 of the Law No 17/2008 on Shipping（SGRI 2008 – 64, SSGRI 4849）. 法院一词在此应被理解为经由法律指定的地方法院。

⑥ Sudargo Gautama, Hukum Perdata Internasional Indonesia［Indonesian Private International Law］Vol Ⅲ part 2（Alumni, 1987）at p 282.

⑦ 例如，针对实际履行或是禁诉令而作出的裁决。

⑧ Sudargo Gautama, Indonesian Business Law（Citra Aditya Bakti, 2006）at p 522.

⑨ Sudargo Gautama, Indonesian Business Law（Citra Aditya Bakti, 2006）at pp 526Gaut.

⑩ Hoge Raad［Dutch Supreme Court］（20 March 1931）N J 1931, 890.

地位,判令其可获得抚养费。法院承认了该儿童的合法身份,但是拒绝在荷兰境内执行该判决,理由在于它是一项金钱类的给付判决。在第二起瑞士儿童抚养费案(1938 年)中,①最高法院再次面临了同样的问题,需要执行瑞士法院对一名生父为荷兰人的非婚生儿童抚养费所作的判决。法院认为该判决为金钱判决,随后重新审理此案,并按荷兰法判定了抚养费事项。

35. 理论上,确认判决及变更判决与印度尼西亚法院审理的案件大有关联,比如,有关股权收购有效性的纠纷、所有权纠纷、破产纠纷、合同的撤销和无效等。如果股份为夫妻财产且夫妻关系已由外国判决解除,此时法院会承认外国判决并将其作为裁判理由吗？答案是不确定的,据本报告人所知,目前并没有可适用的法理。

C. 总结

36. 综上所述,外国判决在印度尼西亚不具有可执行性。除非该判决涉及海事诉讼中的共同海损,不然印度尼西亚法院对于给付判决(既不可承认亦不可执行)是不予执行的。法院会重审此案。因此,争议不会被视为已决的。当事人可以将外国判决作为证据提交至印度尼西亚法院。法官在个案基础上自由衡量外国判决(的价值)。无法确定,法院是否会重审外国判决中的实质问题。因此,即便作为证据,外国判决也并不具有确定性。

37. 因不同于给付判决,学者们建议确认判决或变更判决可以为印度尼西亚法院承认。因为毕竟法院需要做的仅是承认外国判决的存在而已。

① Hoge Raad [Dutch Supreme Court] (1 April 1938) N J 1938,989.

国别报告

日　本

报告人：Toshiyuki Kono
九州大学法律系教授

A. 日本关于外国判决承认与执行的法律渊源

1. 日本是大陆法系国家，成文法是其主要的法律渊源。日本未签署任何关于外国判决承认与执行的多边或双边条约，因此外国判决在日本的效力是根据《民事诉讼法典》①（Code of Civil Procedure，CCP）以及《民事执行法》②（Civil Execution Act，CEA）中确立的规则予以确定的。《民事诉讼法典》第 118 条以及 CEA 第 24 条确定了外国判决在日本承认与执行的基本原则。然而，由于这两项成文法包含的是外国判决承认与执行的一般规则，所以日本法院在长期的司法实践中发展了大量的相关理论和程序；尽管司法判决在日本并未获得正式的法律地位，但是它们的确具有很强的先例价值。

2. 本报告聚焦于日本法院对亚洲各国法院作出的民商事判决予以承认与执行的实践。首先需要注意的是，日本法律并不严格区分"对人判决"和"对物判决"。因此，本报告将首先概述日本对人判决承认③的一般原

---

① 1996 年 6 月 26 日第 109 号法，修正案。
② 1979 年第 4 号法，修正案。
③ 参见下文第 3～16 段。

则,突出对人判决的主要执行程序,[①]并触及对物判决承认与执行的特殊方面。[②]

B. 对人判决的承认

3. 在日本,外国判决如要得到承认,其须具有终局性且应满足《民事诉讼法典》第118条规定的以下4项条件:(1)根据日本法或日本缔结的国际条约,该外国法院需对案件有管辖权;(2)败诉方当事人获得了相关诉讼程序的适当送达,或败诉方当事人对起诉状自愿答辩;(3)该外国判决及诉讼程序与日本公共政策不抵触;(4)该外国会承认日本作出的类似判决(互惠要求)。这些要求意在就尊重外国判决、考量作为执行对象的日方当事人的利益以及日本公共利益之间达到适当的平衡。

i. 外国法院终局判决的概念

4. "外国法院判决"是指外国法院在私法纠纷中作出的任何判决、裁定、决定或命令。[③] 判决可以是金钱的[④]或非金钱的,[⑤]并包括在对抗诉讼中作出的简易判决。[⑥] 日本法院亦承认法院关于诉讼费用的决定。[⑦] 在被告未出庭的诉讼程序中作出的判决[⑧]即缺席判决,只要日本法院认为判决作出法院满足了程序公正之要件,亦可得到承认。[⑨] 日本最高法院在最近的判决中已经确认,永久禁令可以得到承认[⑩]。目前,尚无关于中间判决承认的公开案例,但是报告人认为一个非终局判决不可能成为外国判决承认与执行意义上的判决。[⑪] 另外,此判

---

① 参见下文第17~22段。

② 参见下文第23段。

③ *Minshū* No 52-3, at p 853(日本最高法院,1998年4月28日).

④ 其包括裁判的利息部分。

⑤ 例如,确认裁定或实际履行裁定。

⑥ (Tokyo District Court) (25 February 1998) *Hanrei Taimuzu* No 972, at p 258.

⑦ (Nagoya District Court) (6 February 1987) *Hanrei Taimuzu* No 627, at p 244; (Tokyo District Court) (13 November 1967) *Hanrei Taimuzu* No 215, at p 173.

⑧ (Tokyo District Court) (14 January 1994) *Hanrei Jihō* No 1509, at p 96; (Nagoya District Court) (6 February 1987) Hanrei Jihō, 同前注; (Tokyo District Court) (31 January 1994) *Hanrei Jihō* No 1509, at p 101.

⑨ (Tokyo High Court) (15 November 1993) *Hanrei Taimuzu* No 835, at p 132.

⑩ (Supreme Court of Japan) (24 April 2014) *Minshū* No 68-4, at p 329.

⑪ 依据日本法作出的临时判决对日本法具有自我约束力,但是其没有既判力(换言之,日本的临时判决拘束法院,而法院不能就同一事项再行裁定)。因此,如果外国临时判决与日本的临时判决相类似,那么其不会得到承认。

决的概念不包括行政案件或破产案件的判决。类似地,请求的承认或放弃、司法和解、支付请求或公证书不属于此“判决”概念的范围,因而不能在日本获得承认与执行。

5. 只有终局的且具有拘束力的外国判决才能在日本获得承认与执行。① “终局性”意味着该判决依据所涉外国的一般程序规定不得再上诉。虽然《民事诉讼法典》未定义“外国法院”,但是外国法院可被理解为具有民事纠纷审判权的司法机构,而不论其在该外国如何被称呼。

6. 根据主流学术观点及判例法,临时措施和临时判决并不属于“判决”概念的范围。因此,日本法院将拒绝认可该类措施的效力。② 尚且存疑的是,日本法院是否会将冻结令作为对人裁定,因为根据日本法律的规定欲适用具有冻结效果的假扣押(kari-sashiosae)令,被冻结财产须被特定化,除非所涉财产为动产。③

ii. 原审法院的管辖权

7. 首先,对于外国法院是否有裁判管辖权,需要根据日本法或日本批准的国际条约进行判断。至今,日本尚未缔结任何关于承认和执行外国判决的双边或多边条约。因此,日本法院遵循“法理”,即当事人之间的合理、公正以及利于迅速解决纠纷的需要等一般原则。鉴于这些考虑,日本法院在审查该判决法院是否有管辖权时,通常会从日本国际管辖权规则的视角分析原审法院是否拥有管辖权(也称为“镜像”方法)。④ 由于在《民事诉讼法典》规定中没有关于国际管辖权的条文,日本法院因此会参照国内管辖权的相关规定。在以下诸情形下,日本法院认定外国法院具有国际管辖权:外国法院的管辖权基于被告的住所地⑤或被告在法院地国有主要营业地;⑥合同义务履行地系在法院地国家;⑦侵权行为发生于判决作出地国家;⑧或当事人协议选择由裁判法院管辖,⑨以及

---

① 参见《民事诉讼法典》第118条(1996年6月26日第109号,修正案)以及《民事执行法》第24(3)条(1979年第4号,修正案)。

② (Supreme Court of Japan)(26 February 1985) *Katei Saiban Geppō* vol 37, No 6, at p 25.

③ Civil Provisional Remedies Act (*Minji Hozen Hō*) (Law No 91 of 22 December 1989) Art 21.

④ (Tokyo District Court) (14 January 1994) Hanrei Jihō No 1509, at p 96.

⑤ (Supreme Court of Japan) (28 April 1998) *Minshū* No 52 – 3, at p 853.

⑥ (Supreme Court of Japan) (26 September 2002) *Minshū* No 56 – 7, at p 1551.

⑦ (Tokyo District Court) (14 January 1994) *Hanrei Jihō* No 1509, at p 96.

⑧ (Tokyo District Court) (13 February 1998) *Hanrei Taimuzu* No 987, at p 282.

⑨ (Supreme Court of Japan) (28 November 1975) *Minshū* No 29 – 10, at p 1554. 如今,选择法院协议由《民事诉讼法典》第3~7条(1996年6月26日第109号,修正案)的规定处理。

被告通过在裁判法院出庭应诉的方式接受管辖。①

8. 值得注意的是,对上述日本法院实践的考察须特别虑及《民事诉讼法典》的新近修正。在2012年,《民事诉讼法典》修订中②增加了若干国际管辖权的规则,列举了日本法院可以在涉外案件中行使管辖权的根据。③ 这些有关国际管辖权的新规则原则上成为判断《民事诉讼法典》第118(i)条要求的管辖权要件的门槛,日本最高法院近期已对此予以阐释。④ 因此,对于外国判决触及日本法院专属管辖⑤的事项,诸如"知识产权在日本登记的情形下,涉及该知识产权是否已通过相关的登记程序而存在或其效力情况"⑥的诉讼,不能在日本得到承认。

iii. 送达

9. 其次,日本法院须确认败诉方是否收到对有关诉讼程序的启动来说必不可少的传票,或者即便是在未收到该类传票的情况下,其是否参与了该类诉讼程序。在某一具有重大影响的裁判中,日本最高法院认为,送达须使被告理解相关的诉讼程序对其已启动,且其抗辩不会受阻。⑦ 在多次裁判中,日本下级法

---

① (Nagoya District Court)(6 February 1987) *Hanrei Jihō* No 1236, at p 113.

② See Masato Dogauchi et al, "New Japanese Rules on International Jurisdiction: Part One" (2011) 54 Japanese Yearbook of International Law 260 at 260 - 332 and Yoshiaki Nomura et al, "New Japanese Rules on International Jurisdiction: Part Two" (2012) 55 Japanese Yearbook of International Law 263 at 263 - 322.

③ Code of Civil Procedure (Law No 109 of 26 June 1996, as amended) Arts 3 - 2 - 3 - 12.

④ (Supreme Court of Japan) (24 April 2014) *Minshū* No 68 - 4, at p 329. 本案所涉及的事项在于美国赔偿性损害赔偿判决以及因侵犯商业秘密作出的禁制令可否在日本被承认。东京高等法院拒绝承认,因为该法院认为没有证据表明该损害发生在美国。日本最高法院却认为,只要能够证明存在侵权行为或损害后果发生在美国的可能性,该禁制令便可承认,参照《民事诉讼法典》第3~3(viii)条(侵权的国际管辖权)(1996年6月26日第109号,修正案)。因此,根据日本最高法院的观点,损害赔偿的判决亦应该获得承认,其依据在于第3~6条(诉讼请求的合并)。基于该原因,日本最高法院撤销了东京高等法院的判决并发回重审。

新增条款的特殊规则在于其第3~9条,其允许日本法院考虑到特殊情况,并据此驳回其诉讼请求,即使根据该新增条款之一日本法院可行使管辖权。该条文反映了日本目前的判例法。日本最高法院最近确认,外国法院的未决诉讼可成为日本驳回诉求的特别情形,如果两个诉求相关且证据聚集在该外国。[(Supreme Court of Japan) (10 March 2016) *Minshū* Vol 70, No 3, at p 846]。但是,尚不清楚的是该条款将如何影响对外国判决的承认。

⑤ 《民事诉讼法典》第3~5条规定了日本法院的专属管辖权。

⑥ Code of Civil Procedure (Law No 109 of 26 June 1996, as amended) Art 3 - 5(3).

⑦ (Supreme Court of Japan) (28 April 1998) *Minshū* No 52 - 3, at p 853.

院认为通过邮寄送达起诉状时,如果没有日文翻译附件,根据《民事诉讼法典》第118(ii)条这是无效的。[①] 此外,公告送达亦不充分。[②]

10. 日本是《海牙送达公约》[③]的成员国,该公约要求通过外交途径予以送达。[④] 日本最高法院认为,如果在日本和该判决法院国之间存在司法协助的条约,那么送达应该符合该条约的相关要求。[⑤] 在这方面,日本最高法院认为原告私自聘用的受托人直接递交送达文书的行为,既不符合《海牙送达公约》也不符合日本与英国之间订立的《领事公约》,[⑥]故此类送达根据《民事诉讼法典》第118(ii)条的规定[⑦]系属无效。

11. 日本并未宣称其拒绝邮寄送达[《海牙送达公约》第10(a)条允许该送达方式];然而,日本只是在事实上承认该送达方式,[⑧]而非将其作为一项合法的送达方式。[⑨] 邮寄送达是否符合《民事诉讼法典》第118条的规定,则需法院逐案独立评判。

iv. 公共政策

12.《民事诉讼法典》第118(iii)条规定,被提请承认的外国判决不得与日本的公共政策和善良风俗相抵触。公共政策的概念既包括判决的实体又包括该判决作出的诉讼程序。[⑩] 根据日本法,对人判决在补偿性损害赔偿之外的惩

---

① (Tokyo District Court)(21 December 1976) Hanrei Taimuzu No 352, at p 246; (Tokyo District Court)(11 November 1988) Hanrei Jihō No 1315, at p 96; (Tokyo District Court)(26 March 1990) Kin'yū Shōji Hanrei No 857, at p 39 (拒绝执行夏威夷缺席判决,依据在于送达是从夏威夷通过邮寄的方式直接邮寄给居所在日本的被告,且并未附具日语翻译); (Tokyo District Court)(8 December 1997) Hanrei Taimuzu No 976, at p 235; (Tokyo District Court)(10 December 2014) Hanrei Jihō No 2306, at p 73 (审查被告是否能否充分地理解相关内容).

② Code of Civil Procedure (Law No 109 of 26 June 1996, as amended) Art 118(ii).

③ Convention of 15 November 1965 on the Service Abroad of Judicial and Extrajudicial Documents in Civil or Commercial Matters ("Hague Service Convention").

④ 澳大利亚、中国、印度、日本、韩国和越南亦为《海牙送达公约》的成员国。

⑤ (Supreme Court of Japan)(28 April 1998) *Minshū* No 52 - 3, at p 853.

⑥ Consular Convention between the United Kingdom of Great Britain and Northern Ireland and Japan (Tokyo, 4 May 1964). 日本亦与美国签订了领事公约:Consular Convention between the United States of America and Japan (Tokyo, 22 March 1963)。

⑦ (Supreme Court of Japan)(28 April 1998) *Minshū* No 52 - 3, at p 853.

⑧ 该处所言及的"事实"之事项是指日本并不把邮寄送达视为违反其主权。

⑨ (Tokyo District Court, Hachiōji Branch)(8 December 1997) *Hanrei Taimuzu* No 976, at p 235.

⑩ (Tokyo District Court)(6 September 1969) *Hanrei Taimuzu* No 242, at p 263.

罚性赔偿和费用之裁定部分,违反日本的公共政策,因而就该惩罚性赔偿部分而言不得承认。[1] 有关赌债的承认与执行因其有悖于日本的实体公共政策,则会遇到麻烦。[2]

13. 在以下情形下,程序性公共政策会被认为遭到破坏,进而阻碍外国判决的承认与执行:该判决系通过欺骗方式获得(如伪造契据或证书),[3]或存在其他程序缺陷,如法庭审理方式不公[4]、违反正当程序原则或被告未及时收到有关重要程序事项的通知。

14. 在一起案件中,大阪地方法院拒绝承认一份美国判决,因为就相同当事人之间的同一诉因存在相冲突的日本终局性判决。[5]

15. 对于相同当事人就同一诉讼事项存在两份相互冲突的外国判决时哪一个判决可被承认,对此日本法院尚不存在先例。[6]

v. 互惠

16. 只有互惠原则获得满足,外国判决方可在日本获得承认与执行。对于日本与原审国之间是否存在互惠来说,日本法院通常较为慷慨。日本最高法院认为,如果外国法院承认日本判决的条件与《民事诉讼法典》第 118 条的规定并无实质区别,那么互惠便存在。[7] 日本已经承认过澳大利亚、[8]中国香港特别行

---

① (Supreme Court of Japan)(11 July 1997) *Minshū* No 51 – 6, at p 2573.

② 就这一点来说,可以考虑一起赌博案件,其中的问题并非外国判决的承认,而是关于可适用的法律。在这个案件中,一家美国公司诉日本政府,称该日本政府通过没收而不当得利。没收的钱最初是由原告的代理机构在日本从一些日本人身上收取的,这些人在拉斯维加斯欠了原告赌债。东京地方法院认为,适用内华达州法律并不违反日本的公共政策,但是该观点遭到批判:(Tokyo District Court)(29 January 1993) *Hanrei Taimuzu* No 818, at p 56。

③ (Tokyo High Court)(27 February 1990) *Hanrei Jihō* No 1344, at p 139; (Tokyo District Court)(14 January 1994) *Hanrei Jihō* No 1509, at p 96.

④ 例如,原审法院只给予诉讼一方充分的时间。

⑤ (Osaka District Court)(22 December 1977) *Hanrei Taimuzu* No 362, at p 127. 如果一份外国判决涉及相同当事人就同一诉由正在日本的法院进行诉讼程序,目前尚无承认和执行该外国判决的先例。

⑥ 在一起纯粹的国内案件中,有关付款义务的否定性确认之诉悬而未决,而就相同当事人之间的基于相同合同的反诉另行起诉。在该案中,日本最高法院认为,在提起第二项诉讼之后,维持否定性确认之诉的意义已不存在:(25 March 2004) *Minshū* vol 58, No 3, at p 753。由该案类推,就两份相冲突的外国判决而言,其中一份判决为否定性确认判决,那么承认该否定性确认判决的请求有可能被驳回。

⑦ (Supreme Court of Japan)(7 June 1983) *Minshū* No 37 – 5, at p 611.

⑧ (Tokyo District Court)(25 February 1998) *Hanrei Taimuzu* No 972, at p 258.

政区、[1]新加坡[2]法院作出的判决。

C. 对人判决的执行

i. 日本执行外国判决的一般原则

17. 为了在日本执行外国判决，胜诉方需向日本法院起诉以获得执行判决。[3] 原则上，这个诉讼程序应在对败诉方有管辖权的法院提起。对于无法确定判决债务人居所的案件来说，承认与执行之诉应向诉争标的物所在地或可供扣押财产所在地的法院提起。[4]

18. 被请求承认与执行外国判决的法院会考虑《民事诉讼法典》第 118 条规定的承认要件是否得以满足，以及该判决能否在日本得到执行。[5] 若该要件得以满足，则该法院将作出执行判决（shikkō hanketsu）。该执行判决将作为在日本启动执行程序所必需的债务凭证。

19. 日本法律未规定执行外国判决的法定时效。然而，依据《民法典》第 157(2)条和第 174－2 条，[6]日本法院判决确立的权利需受 10 年时效期间的限制，该时效从判决具有终局约束力时起算。据此，若外国终局判决在执行程序开始之前已超过 10 年，则其可能会因为公共政策的原因而被拒绝承认和执行。[7]

20. 原则上，在裁判承认与执行的问题上，日本法院不会对案件进行实质审查，[8]也不会审查外国法律是否适用正确。东京地方法院曾承认一份外国法院作出的判决，认为若审查外国法院是否适用了日本冲突规则指向的法律，则有

---

① （Kobe District Court）（22 September 1993）；（Supreme Court of Japan）（28 April 1998）*Minshū* No 52－3, at p 853.

② （Tokyo District Court）（19 January 2006）*Hanrei Taimuzu* No 1229, at p 334. 该清单仅覆盖亚洲国家的判决。如印度尼西亚和泰国的法院判决不能得到日本法院的承认，因为这些国家的法院并不承认外国判决。

③ Civil Execution Act（Law No 4 of 1979, as amended）Art 22(6).

④ Civil Execution Act（Law No 4 of 1979, as amended）Art 24.

⑤ Civil Execution Act（Law No 4 of 1979, as amended）Art 24(3).

⑥ Law No 89 of 27 April 1896.

⑦ 外国法规定的更长法定时效期间并不必然违反日本的公共政策，参见 Hanrei Taimuzu 案，第 254 号，第 209 页（德岛地房法院）（1969 年 11 月 16 日）。因此，类似的外国判决作出超过 10 年的也可能被承认。然而，另外，为了程序性清晰之考虑，日本法院更倾向于确定性结果。

⑧ Civil Execution Act（Law No 4 of 1979, as amended）Art 24(2).

违该原则。[①]

ii. 被告可予诉诸的抗辩理由

21. 无论是在有必要执行的执行程序中，还是直接针对无须执行的判决本身，被告都可以根据《民事诉讼法典》第 118 条的规定提出抗辩。[②]

22. 被告不得就与其责任有关的实体问题，或外国判决的裁决范围提出抗辩。然而，如果相关的诉求时效已过、失效、被清偿或另行变更了，那么被告可以提出有关外国判决承认和执行的抗辩和异议。从理论上来说，在日本法将异地未决诉讼[③]予以制度化之前，外国法院判决的败诉方可以向日本法院起诉，寻求否定性的确认判决，以阻止对外国判决的执行。[④]

D. 对物判决的承认与执行

23. 正如该报告文首所提及，日本法律未区别对人和对物判决。但是原则上来说，日本法院仅承认对人判决。对物判决不能在日本得以承认或执行，这是因为对物判决通常会触及某一物体或财产的所有权，而这会产生对世效力。[⑤]从公共政策和国家主权之考虑，通常意味着该事项受制于物之所在地法院的专属管辖。在日本法律中同样如此。[⑥] 如果该外国判决处理的事项属于日本法院专属管辖的范围，那么该判决将不会被执行。[⑦]

---

① See *eg*, (Tokyo District Court) (13 February 1998) *Hanrei Taimuzu* No 987, at p 282.

② (Yokohama District Court) (19 October 1982) *Hanrei Jihō* No 1072, at p 135.

③ 该规则允许日本法院在其他法域存在平行诉讼的情况下拒绝行使管辖权。

④ 然而，日本法院会依据《民事诉讼法典》第 3 ~9 条之规定拒绝行使管辖权(1996 年 6 月 26 日第 109 号修正案)：参见(Supreme Court of Japan) (10 March 2016) *Minshū* Vol 70, No 3, at p 846; at n 27 above。

⑤ 对物判决的典型事例为在公共登记机关予以登记的事项(如注册法律实体、不动产或船舶或专利商标类的特定知识产权)。

⑥ 《民事诉讼法典》(Law No 109 of 26 June 1996, as amended) 第 3 ~5 条。对于注册登记地在日本的知识产权，日本法院对需登记方可生效的知识产权之注册、存续以及效力事项享有专属管辖权：见《民事诉讼法典》(1996 年 6 月 26 日第 109 号修正案)第 3 ~5(2)条、第 3 ~5(3)条的规定。

⑦ 对物措施的典型情形诸如，加州法院就在日本登记、停泊于旧金山的船舶裁定扣押并予以拍卖。假设该加州法院裁定将该船舶的所有权转让给第三方债权人。该债权人可能在日本寻求执行该加州判决，然而，日本法院将依据上述理由拒绝承认该法院裁定。

国别报告

老 挝

报告人：Xaynari Chanthala
LS Horizon（Lao）Sole Co Ltd 律师事务所律师
Kongphanh Santivong
LS Horizon（Lao）Sole Co Ltd 律师事务所合伙人

1. 依据老挝法，法院承认和执行外国法院判决或外国仲裁裁决（以下简称外国判决），仅限于老挝人民民主共和国（以下简称老挝）与判决作出国是承认执行外国判决的双边或多边条约的缔约国。① 没有协议，老挝法院将拒绝承认或执行外国判决。

2. 目前，老挝是3个条约的缔约国：(a)《有关外国仲裁裁决承认与执行的公约》（简称《纽约公约》）；②(b)《老挝与越南社会主义共和国民事和刑事司法合作条约》（《越南—老挝条约》）；③(c)《老挝与中华人民共

① 《民事诉讼法》（No 13/NA）（2012年7月4日）第362条。

② 《有关外国仲裁裁决承认与执行的公约》（纽约，1958年）。老挝于1998年6月17日加入该多边公约，该公约于1998年9月15日生效。

③ 该双边条约于1998年7月6日签署，适用于外国判决和外国仲裁裁决：《老挝与越南社会主义共和国民事和刑事司法合作条约》（1998年7月6日）（《越南—老挝条约》）第44~46条。

和国民事和刑事司法合作条约》(《中国—老挝条约》)。[①] 老挝不是2005年6月30日海牙《选择法院协议公约》缔约国。

3. 老挝法未规定承认执行外国判决。老挝法不区分对人和对物判决。[②]《修订的民事诉讼法》[③](Amended Law on Civil Procedure, LCP)特别规定承认与执行外国判决的某些条件,即争议双方当事人是相关多边或双边条约缔约国成员。[④] 另外,《修订的经济争议解决法》[⑤](Amended Law on the Resolution of Economic Disputes, LRED)规定,根据老挝为缔约国的《纽约公约》承认与执行外国仲裁裁决。[⑥] 除了《民事诉讼法》和《经济争议解决法》规定的条件,《越南—老挝条约》和《中国—老挝条约》要求外国判决不被既判力规则排除。[⑦]《越南—老挝条约》第45条第3款规定,"被请求方过去从未收到第三国的同一案件的执行请求,或被请求方的法院在收到请求时从未解决或裁判同一争议"。《中国—老挝条约》第21条第5款规定,"被请求方法院在判决审判之前从未审判过相同争议当事人之间的同一争议"。

4. 这两部法律规定了承认与执行外国金钱[⑧]和非金钱[⑨]判决的条件(如下)。承认与执行法院不得审查外国判决实体,或重新审理诉讼请求。[⑩] 法院不审查外国判决的事实或法律错误。[⑪] 相反,法院审查外国判决是否符合下列条件:

---

① 该双边条约于1999年1月25日签署,适用于外国法院判决和外国仲裁裁决,《老挝与中华人民共和国民事和刑事司法合作条约》(1999年1月25日)(《中国—老挝条约》)第20条和第26条。

② 关于外国财产判决,该法要求财产在老挝人民民主共和国境内才执行判决。除此之外,承认与执行外国财产判决没有特殊条件。

③ No 13/NA (2012年7月4日)。

④ 《修订的民事诉讼法》(No 13/NA)(2012年7月4日)第362~368条。

⑤ No 06/NA (2010年12月17日).

⑥ 《修订的经济争议解决法》(No 06/NA) (2010年12月17日)第52条。

⑦ 《越南—老挝条约》第45(3)条规定,"收到请求方过去从未收到第三国的同一案件的执行请求,或收到请求方的法院在收到请求时从未解决或裁判同一案件"。《中国—老挝条约》第21(1)(e)条规定:"收到请求方法院在该判决发布之前从未审判过相同当事人之间的同一争议的案件。"

⑧ 这包括债务和损害赔偿应支付的金钱。允许损害赔偿的利息;但不允许复利。《合同和侵权法》(No 01/NA)(2008年12月8日)第56条。

⑨ 非金钱判决包括终局禁令。

⑩ 2017年6月22日最高法院内阁主席Bounkhouang Thavisack的采访。另见《越南—老挝条约》第49条第2款规定(一部分):"有权执行判决的机构只承认有法律效力的判决,无须重新审判和审查判决。(强调)"

⑪ 2017年6月22日最高法院内阁主席Bounkhouang Thavisack的采访。

(a)判决是老挝签署或缔结的条约[①]的签署国作出的;[②]

(b)判决不影响老挝主权[③]或违反老挝法律;[④]

(c)判决不影响老挝的安宁和社会秩序。[⑤]

5. 另外,法院应考虑其他法律条件或标准。法院不承认和执行外国判决,如果:

(d)判决有正在进行的程序或上诉,且不是终局判决;[⑥]

(e)外国判决败诉方未参加诉讼且判决是缺席判决;[⑦]

(f)外国法院审理的事项本应由老挝法院管辖;[⑧]

(g)有义务支付判决债务的争议当事人在老挝无财产、业务、股权、银行存款或其他财产;[⑨]

(h)外国判决有其他事项。[⑩]

6. 写作本报告时,有两个外国判决在老挝法院请求承认执行。[⑪] 法院未决诉讼一般不允许公开或由非当事人获取。因为案件不多,难以获取,终局判决一般不公开,关于理解法院如何适用承认与执行标准的判例法不足。[⑫] 但报告

---

① 最高法院内阁主席 Bounkhouang Thavisack 认为,老挝法院认为《修订的民事诉讼法》(No 13/NA) (4 July 2012) 该条适用于与司法合作和承认与执行外国判决有关的条约。

② 《修订的民事诉讼法》(No 13/NA) (4 July 2012) 第 362 条。

③ 报告人认为可能包括欺诈。另外,老挝法不承认民事惩罚性损害赔偿。

④ 《修订的民事诉讼法》(No 13/NA) (4 July 2012) 第 362 条。相比之下,《修订的经济纠纷解决法》(No 06/NA) (17 December 2010) 第 52 条解释更为狭隘。第 52 条规定法院不得承认外国判决,如果"违反老挝关于稳定、和平和环境的法律"。鉴于两部法律的狭隘和宽泛解释,老挝法院可能采纳宽泛解释,解释法律的意义为执行不存在与任何老挝法律冲突。

⑤ 《修订的民事诉讼法》(No 13/NA) (4 July 2012)第 362 条。

⑥ 《修订的民事诉讼法》(No 13/NA) (4 July 2012)第 366 条。

⑦ 《修订的民事诉讼法》(No 13/NA) (4 July 2012)第 366 条。

⑧ 《修订的民事诉讼法》(No 13/NA) (4 July 2012)第 366 条。包括老挝法院专属管辖事项,如规定老挝的法院排他审理争议的协议。不明确的是当事人和财产在老挝境内,当事人选择外国法院审理争议的案件中,老挝是否可以行使专属管辖。

⑨ 《修订的经济纠纷解决法》(No 06/NA) (17 December 2010)第 52 条。

⑩ 《修订的民事诉讼法》(No 13/NA) (4 July 2012)第 366 条。包括老挝法院专属管辖事项,如规定老挝的法院排他审理争议的协议。不明确的是当事人和财产在老挝境内,当事人选择外国法院审理争议的案件中,老挝是否可以行使专属管辖。

⑪ 2017 年 6 月 22 日最高法院内阁主席 Bounkhouang Thavisack 的采访。

⑫ 法典是老挝主要法律渊源;但如果法律文本不清晰,作为法院实践,法院可能参考其他案例。但报告人不认为这种案例具有普通法系所理解的先例价值。

人认为可以认定法院一般严格审查承认与执行标准，申请人证明已符合承认执行标准。不明确的是法院是否在符合全部标准时有裁量权拒绝承认与执行外国判决。理论上，法院可以裁量提出特定问题，援引第(h)款兜底条款，拒绝承认执行。

7. 标准本身是法律和公共政策的混合。老挝法院要求外国判决真正具有终局性，报告人认为老挝法院不接受在程序或实体有上诉程序的争议，包括初步、临时或中间判决。

8. 老挝法明确排除承认与执行外国法院的缺席判决，是出于管辖权适当和公平考虑。① 类似地，如果审判的事项是老挝法院首先有管辖权的事项，老挝法院会拒绝承认执行外国法院判决。② 如果老挝境内无可执行的财产，老挝法院也将拒绝承认和执行。③

9. 最后，《修订的民事诉讼法》规定兜底条款[第(h)条标准]，允许法院决定承认执行时考虑不属上列各项标准的其他事项。特别是第(h)条可以解释为允许拒绝承认与执行的既判力事由，正如《越南—老挝条约》第45(3)条和《越南—老挝条约》第21(1)(e)条所规定的那样。

---

① 2017年6月22日最高法院内阁主席Bounkhouang Thavisack的采访。

② 《修订的民事诉讼法》(No 13/NA) (4 July 2012) 第366条第(f)项。报告人认为，这一标准应理解为老挝法院或仲裁庭有专属管辖权，无论争议是否开始诉讼或诉讼结束。但如上所述，当事人和财产在老挝境内、当事人选择外国法院审理争议时，老挝法院是否可以主张专属管辖权，并不明确。

③ 老挝法未规定非金钱外国判决、无须针对被告财产执行的判决。理论上，报告人认为法院可以执行外国非金钱判决，如针对居住在老挝的人的判决。

国别报告

马来西亚

报告人：Choong Yeow Choy 博士
马来亚大学教授

A. 导言

1. 作为一般原则，在外国法院已经获得判决的当事人，可以在马来西亚申请承认与执行那一外国判决。有两套机制调整法律的这个方面。第一套机制是成文法的，另一套机制是普通法的。成文法机制由 1958 年《互惠执行判决法》[①]（Reciprocal Enforcement of Judgment，REJA）调整。

2. 寻求申请承认与执行外国判决的当事人不得不注意两个事项。这两个事项均相当重要。第一个事项与作出外国判决的管辖权有关，因为这对适用前述两种机制中的哪一种有直接影响。第二个事项涉及外国判决的性质。外国判决可以是对人判决或对物判决。进一步的分类区分为金钱判决和非金钱判决。当事人在马来西亚成功获得外国判决的承认与执行在一定程度上取决于判决的性质。

3. 本报告 B 部分将阐述第一个考虑。[②] 这一方面简单而且没有争议。C 部分将阐述外国对人金钱判决

---

① Act 99.

② 参见以下第 4 ~ 6 段。

根据 REJA 和普通法上得以承认与执行的原则。[①] 拒绝承认与执行这种判决的理由也将在本部分谈及。之后,D 部分将讨论根据 REJA 和普通法调整承认与执行非金钱外国对人判决的原则。[②] E 部分将思考适用于对物判决的规则。[③] C 部分、D 部分和 E 部分的讨论限于民商事判决。最后,在 F 部分,本报告将以对与这一领域法律有关的另外的一些观察做结语。[④]

B. 应适用的机制

4. 如前所述,寻求承认与执行外国判决的当事人是援引 FEJA 还是普通法原则取决于判决作出的法域。

5. REJA 只适用于来自 REJA 附表一所列举的 7 个法域之一。考虑到本报告只聚焦于东盟国家和另外 5 个国家(澳大利亚、中国、印度、[⑤]日本和韩国)法院作出的外国判决,就本报告的目的而言,REJA 只与来自新加坡、文莱达鲁萨兰、印度或中国香港特别行政区(以下简称香港特区)[⑥]的判决有关。

6. 而新加坡、文莱达鲁萨兰、香港特区和印度被认定为存在互惠的国家或地区,还需要强调另外两件事:第一,只有来自这些国家或地区的高级法院判决可根据 REJA 被执行。[⑦] 于是,来自互惠国家或地区初级法院的判决将不得不利用普通法框架来执行。第二,已经取得互惠国家或地区之一高级法院判决的当事人没有选择,只能通过援引 REJA 执行该判决。[⑧] 换句话说,适用 REJA 的外国判决只能通过在这一机制下登记判决来执行。[⑨]

---

① 参见以下第 7 ~ 24 段。

② 参见以下第 25 ~ 28 段。

③ 参见以下第 29 ~ 33 段。

④ 参见以下第 34 ~ 35 段。

⑤ 印度部分州被排除。

⑥ 就中国而言,中国内地法院判决只能通过利用普通法机制获得执行,但是中国香港特别行政区法院的那些判决属于 1958 年《互惠执行判决法》(99 号法)的范围。

⑦ 1958 年《互惠执行判决法》(99 号法)第 3(1)条、第 5(2)(c)条和附表一。另参见案例,如 *Excelmore Trading Pte Ltd v Excelmore Classics Sdn Bhd* [1996] MLJU 64 和 *Charles Priya Marie v Koshy Cherian* [2010] 6 CLJ 693,在新加坡前初级法院获得的判决被认定为不可根据 1958 年《互惠执行判决法》(99 号法)。

⑧ 1958 年《互惠执行判决法》(99 号法)第 7 条。

⑨ See *Loo Chooi Ting v United Overseas Bank Ltd* [2015] 8 CLJ 287 at 298 and *The Bank of East Asia Ltd Singapore Branch v Axis Incorporation Bhd* [2009] 5 CLJ 87.

C. 承认与执行外国对人金钱判决

7. 在满足某些条件和程序要求的情况下,所有外国对人金钱判决可以在马来西亚被执行。下面将重点而简洁地讨论 REJA 和普通法下应适用的原则。

i. 1958 年《互惠执行法》的立场

8. REJA 的首要目标主要是协助已经取得来自互惠国家或地区高级法院对人金钱判决的当事人登记和执行这种外国判决。[①] 一旦登记,外国判决可以像任何马来西亚判决一样被执行。[②]

9. 在这一法定框架下,有两个明显的阶段。首先是登记程序,其次与已登记的判决可被提出异议的方式有关。寻求登记外国判决的判决债权人必须满足一些条件。反之,寻求撤销已登记判决的判决债务人可以依据一些确定的事由。

10. 然而,尽管已经对有关条件及事由进行了明确编纂,但重要的是将这些规定进行解释和运用于特定案件的事实。这是法院发挥重要作用的地方。关键是需要理解马来西亚法院在解释和将这些条件或事由适用于它们审理的案件时所采纳的方法。从一个已报道判决的调查看似乎是,当 REJA 中的条件和事由被援引和考虑时,马来西亚法院引用其他法域如新加坡和英国的案例作为参考。

a. 登记条件

11. 如前所述,外国判决必须是由互惠国家或地区的高级法院作出。另外,REJA 规定了所有外国判决登记和执行期限为从判决日起 6 年。[③] 当存在针对判决的上诉程序时,期限从作出最后一个判决时起算。[④]

12. 外国判决必须是"有关当事人之间终局和确定性"的判决。[⑤] 根据 REJA 规定,"判决应该被视为终局和确定的,无论在原审国法院可能正在进行针对该判决的上诉,还是该判决还可能被上诉"。[⑥] 判决何时被认为是终局和确

---

① 1958 年《互惠执行判决法》(99 号法)第 3(3)条。

② 1958 年《互惠执行判决法》(99 号法)第 4(2)条。

③ 1958 年《互惠执行判决法》(99 号法)第 4(1)条。

④ 1958 年《互惠执行判决法》(99 号法)第 4(1)条。

⑤ 1958 年《互惠执行判决法》(99 号法)第 3(3)(a)条。

⑥ 1958 年《互惠执行判决法》(99 号法)第 3(4)条。第 3(4)条中的"不管可能正在进行上诉"尚未被马来西亚法院考虑。

定的问题在马来西亚的法院中已经被审慎考虑。在 Santong Trading Pte Ltd v HJ Industries Sdn Bhd①(Santong Trading)案中,关于“终局和确定的”词组的适当含义,高院参照了其他法域的一些权威观点。② 在该案中,高院对术语“终局的”含义解释为“终局的意义是不允许进一步的反驳”。③

13. 在 Santong Trading 中,高院接受以下主张:如果法官裁定诉讼程序费用为诉讼进行中的费用,这意味着当事人之间的争议事项尚未被最终决定。④ 当如果有任何实质性情势变化,外国判决允许当事人自由申请变更判决的情形下,不能说该判决是终局和确定的。⑤ 外国缺席判决被视为“终局和确定的”。⑥ 归根结底,一个判决是否被认为是终局和确定的问题取决于案件的事实背景。

14. REJA 进一步规定,如果登记法院确信原审法院中的诉讼争议事项在原审法院作出判决前,已经由一个对案件有管辖权的法院作出终局和确定的判决,判决登记可以被撤销。⑦

15. 虽然有一个必备条件即外国判决必须是要执行确定数额的金钱,但不能是一笔应付的“税款或者类似性质的其他费用或者罚金或者其他罚款”。⑧ 判决利息是可执行的。⑨

16. REJA 明确禁止登记已经被完全清偿的外国判决⑩或者那些在原审国不

---

① [1996] 3 CLJ 954.

② 例如,在 *Re Riddell, Ex parte Strathmore (Earl)* (1888) 20 QBD 512 第 517 页,Fry LJ 说道:“诉讼中当事人之间争议的事项没有最后和确定性的裁判时,就不是什么终局的判决。”在 *Selbel &Day v Cumins* [1922] 16 SLR 405 at 412 案中,法院认为“判决是终局的,如果判决最终地处分当事人的权利”。法院参考的第三个案件是 *Ramchand Manjunal v Goverhamdas Ratanchand* LR 47 Ind App 124,在该案中法院认为,一项命令不是终局的命令,除非该命令具有最终处分当事人权利的效力。

③ *Santong Trading Pte Ltd v HJ Industries Sdn Bhd* [1996] 3 CLJ 954 at 960.

④ *Santong Trading Pte Ltd v HJ Industries Sdn Bhd* [1996] 3 CLJ 954 at 962.

⑤ *Charles Priya Marie v Koshy Cherian* [2010] 6 CLJ 693 at 703 - 704.

⑥ *Loo Chooi Ting v United Overseas Bank Ltd* [2015] 8 CLJ 287. 尽管如此,缺席判决必须是终局的缺席判决(起因于约定损害赔偿金请求),不同于中间缺席判决(起因于未约定的损害赔偿请求)。本报告人的观点是一般而言中间判决不应该被视为“终局和确定的”。

⑦ 1958 年《互惠执行判决法》(99 号法)第 5(1)(b)条。参见 *Loo Chooi Ting v United Overseas Bank Ltd* [2015] 8 CLJ 287。

⑧ 1958 年《互惠执行判决法》(99 号法)第 3(3)(b)条。在 *Commerzbank (South East Asia Ltd) v Tow Kong Liang* [2011] 3 CLJ 127,上诉法院驳回以此为由撤销已登记判决的申请。

⑨ *Saeed U Khan v Lee Kok Hooi* [2001] 5 MLJ 416.

⑩ 1958 年《互惠执行判决法》(99 号法)第 4(1)(a)条。

能被执行的判决,因为它不具有可执行性。① 如果一外国判决数额在原审法院判决申请登记日已经部分清偿时,仍可以进行登记,但必须是登记日尚未清偿的款项。②

b. 撤销的事由

17. 即使外国判决已经登记,但仍可以被撤销。不过,被执行人③有责任向登记法院证明:(a)该判决不是适用 REJA 的判决或者其登记违反 REJA;④或者(b)原审法院对案件没有管辖权;⑤或者(c)判决债务人,原审法院程序中的被告,没有接到通知使其有足够时间在诉讼中进行抗辩并且没有出庭;⑥或者(d)判决是通过欺诈取得的;⑦或者(e)判决的执行违反马来西亚公共政策;⑧或者(f)判决项下的权利不是登记申请人的既得权利。⑨ 如果 6 个事由中任何一个被成功援引,登记的判决可以被撤销。

18. 在可以撤销已登记判决的 6 个事由中,其中 2 个事由需要进一步澄清。第一个有关原审法院是否有管辖权的问题,第二个与公共政策的概念相关。

---

① 1958 年《互惠执行判决法》(99 号法)第 4(1)(b)条。高院在 *Standard Chartered Bank (Singapore) Ltd v Pioneer Smith (M) Sdn Bhd*([2015] 7 CLJ 677)对该条款的范围进行了解释。

② 1958 年《互惠执行判决法》(99 号法)第 4(4)条。这一规定在 *Malayan Banking Bhd v Paxellent Corp Bhd* ([2007] 3 CLJ 247) 以及 *Hong Leong Finance Ltd v Liow Hock Seng*([1996] 1 CLJ 462. 128)中,被判决债务人成功援引撤销了登记的判决。

③ 1958 年《互惠执行判决法》(99 号法)第 5(1)条。

④ 1958 年《互惠执行判决法》(99 号法)第 5(1)(a)(i)条。

⑤ 1958 年《互惠执行判决法》(99 号法)第 5(1)(a)(ii)条、第 5(2)条和第 5(3)条。在以下案件中判决债务人以此为由,撤销登记判决的试图未获成功,*Bank of New Zealand v Wong Kee Tat* [1990] 2 MLJ 435; *Vitclay Pipes Pty Ltd v Syarikat Vitco (M) Sdn Bhd* [1993] 4 CLJ 300 and *Rowlinson Garden Products Ltd v World Zone (M) Sdn Bhd* [2010] MLJU 541。

⑥ 1958 年《互惠执行判决法》(99 号法)第 5(1)(a)(iii)条。在 *Hong Leong Finance Ltd v Liow Hock Seng*([1996] 1 CLJ 462)案中,这一规定被判决债务人成功援引撤销了登记的外国判决。在 *Commerzbank (South East Asia Ltd) v Tow Kong Liang*([2011] 3 CLJ 127)中,上诉法院驳回了以此为由撤销已登记判决的申请。

⑦ 1958 年《互惠执行判决法》(99 号法)第 5(1)(a)(iv)条。在 *Bank of India Krishna Kumar s/o Triyugi Narain Sharma*([1994] 3 CLJ 294)中,参考了英国案例 *Syal v Heyward* [1948] 2 KB 443,法院认为欺诈的成立必须是对宣告判决的外国法院的欺诈。在该案中,因为上诉人在新加坡判决作出之前已经充分利用了在新加坡的程序,所以高院得出结论:"没有欺诈新加坡法院。" *Bank of India Krishna Kumar s/o Triyugi Narain Sharma* [1994] 3 CLJ 294 at 296. 就本报告人所知,马来西亚法院没有区别不同形式的欺诈,如外在欺诈和内在欺诈。

⑧ 1958 年《互惠执行判决法》(99 号法)第 5(1)(a)(v)条。

⑨ 1958 年《互惠执行判决法》(99 号法)第 5(1)(a)(vi)条。

19. 在决定原审国法院对案件是否有管辖权时,马来西亚法院没有最终决定该问题是按照原审国法律还是按照马来西亚法律判断。上诉法院在 Ngan Chin Wen v Panin International Credit (S) Pte Ltd. 案[①]中承认存在冲突的权威观点。上诉法院的多数意见赞成原审法院是否有管辖权的问题由马来西亚法律判断。少数意见认为原审法院是否有管辖权适用原审法院国法律确定。

20. 模糊不清的公共政策概念对于寻求执行外国判决的判决债权人来说可能是障碍。这一事由经常为寻求撤销已登记判决的判决债务人所援引。[②] 但是,已报道的判决表明谚语"任性的马匹"已经受到控制。在 Ritz Hotel Casino Ltd. v Datuk Seri Osu Haji Sukam 案中,[③]执行基于赌债的外国判决被拒绝,理由是执行此类判决将违反马来西亚公共政策。令人吃惊的是,在确定马来西亚公共政策时,高院依据一些非法律渊源作为权威观点。该裁定随后为上诉法院推翻,而且最近两个案件,即 Resorts World at Sentosa Pte Ltd. v Lim Soo Kok 案[④]和 Marina Bay Sands Pte Ltd. v Ng Kong Seong 案[⑤]已经确认执行外国赌债判决不违反马来西亚公共政策。正如高院在前述第一个案件中的解释,"判决债权人正在利用 REJA 明确规定的登记有效合法外国法院判决的互惠权利"。[⑥]

c. 1958 年《互惠执行法》排除的事项

21. REJA 第 2 条明确规定,"对人诉讼"不包括"任何婚姻事项或者与婚姻事项、死者遗产管理、破产、公司清算、未成年人监护有关的任何程序"。

ii. 普通法上的立场

22. 与上述成文法机制不同,希望根据普通法执行外国金钱判决的判决债

---

① [2003] 3 MLJ 279.

② See *eg*, *Commerzbank (South East Asia) Ltd v Dennis Ling Li Kuang* [2000] 2 CLJ 57; *Banque Nasionale De Paris v Wuan Swee May* [2000] 4 CLJ 387; *Tow Kong Liang v Nomura Singapore Ltd* [2005] 1 CLJ 103; *Chan Hak Foon v Sutera Harbour Sdn Bhd* [2010] 9 CLJ 995 and *Commerzbank (South East Asia Ltd) v Tow Kong Liang* [2011] 3 CLJ 127.

③ [2005] 6 MLJ 760.

④ [2017] 1 CLJ 363.

⑤ [2017] 7 MLJ 188.

⑥ *Resorts World at Sentosa Pte Ltd v Lim Soo Kok* [2017] 1 CLJ 363 at [13]. 非依据 1958 年《互惠执行判决法》(99 号法)作出的裁定可进一步澄清公共政策事由可能如何被法院解释。关于执行外国仲裁裁决,参见 *Sami Mousawi v Kerajaan Negeri Sarawak* [2004] 2 MLJ 414; *Equitas Ltd v Allianz General Insurance Co (Malaysia) Bhd* [2009] MLJU 1334 and *Harris Adacom Corp v Perkom Sdn Bhd* [1994] 3 MLJ 504。

权人将不得不提起一个新诉讼。[①] 这个新诉讼以债务诉因为基础，该债务因外国法院作出的判决而发生并且是可支付的。这种清偿债务的责任与外国原审法院的原始诉因不同。在这个方面，根据普通法执行外国金钱判决比根据 REJA 更麻烦一些。如前所述，根据 REJA 规定，已经建立了简化的承认与执行机制并且取消了必须首先取得本地判决的要求。

23. 判决债权人在普通法上享有的一个优势是寻求被执行的判决不必是原审国高级法院作出的。[②]

24. 不过，尽管机制间存在上述差异，但有两个方面惊人相似。首先，根据成文法机制登记的必要条件与通过普通法诉讼执行的必要条件基本上相似。其次，普通法拒绝承认与执行的事由也反映了成文法机制下的那些事由。[③] 这不足为奇，因为后者是普通法原则的法典化。在这一方面，当人们考虑维持诉讼以执行外国判决的必要条件和根据普通法对这种判决执行提出异议的事由时，前面讨论的案例将同样适用。[④]

D. 承认与执行非金钱外国对人判决

25. 对于非金钱外国对人判决，如一个实际履行的裁定或者一个禁令是否可以被执行的问题，在马来西亚并未如外国对人金钱判决一样清楚。

i. 1958 年《互惠执行法》中的立场

26. REJA 明确排除了非金钱外国判决的执行。REJA 第 2 条限定了可执行的判决为那些“支付一定数额金钱的判决”。在这一方面，非金钱外国判决由哪一法域作出是不相关的。因此，寻求执行非金钱外国判决的当事人将别无选择，只能依赖普通法上的立场。

---

① See eg, *CBM Construction Sdn Bhd v Builtcon and Development Sdn Bhd* [1999] MLJU 71 at 7; *Swee Hua Daily News Bhd v Tan Thein Chin* [1996] 2 MLJ 107 and *Charles Priya Marie v Koshy Cherian* [2010] 6 CLJ 693 at [38].

② *Excelmore Trading Pte Ltd v Excelmore Classics Sdn Bhd* [1996] MLJU 64; *Charles Priya Marie v Koshy Cherian* [2010] 6 CLJ 693.

③ 关于普通法上是否可提出诸如错误、既判力和违反管辖权协议的抗辩，无权威观点。除了既判力{已经在一些案件中根据 1958 年《互惠执行判决法》(99 号法)包括在 *Loo Chooi Ting v United Overseas Bank Ltd* [2015] 8 CLJ 287}得到考虑外，请注意 REJA 中也没有这些抗辩。

④ 关于普通法上执行外国对人金钱判决的案例，参见 *Swee Hua Daily News Bhd v Tan Thein Chin* [1996] 2 MLJ 107 and *Meinhardt Singapore Pte Ltd v Teo A Khing Design Consultants Sdn Bhd* [2016] MLJU 532。

ii. 普通法上的立场

27. 至今,在马来西亚尚无报道的案例处理过根据普通法执行非金钱外国判决的问题。这并不令人惊讶,因为普通法下的传统方式不准许执行非金钱外国判决。尽管如此,这不意味着不能试图去说服马来西亚法院重新评估传统的方式。的确,已经有评论家呼吁对这个方面的法律进行重新评价。①

28. 例如,对于马瑞瓦禁令,现在已经认可的是,在当今现实背景下,该平衡救济是适当和必要的。一些法域的法院已经表明他们愿意考虑和发布马瑞瓦禁令,即使冻结的资产或者账户在其辖区之外。② 在 Metrowangsa Asset Management Sdn Bhd v Ahmad bin Hj Hassan 案中,③高院以明确的言辞说道:"没有什么阻止本院发布支持原告的全球马瑞瓦禁令。"④尽管如此,由外国法院发布的这种全球马瑞瓦禁令在马来西亚是否将被承认与执行尚有待观察。

E. 承认与执行外国对物判决

29. 有关对物诉讼可见于 REJA 第 5(2)(b)条。对于在马来西亚承认外国对物判决,有一个必要条件:作为诉讼标的物的财产必须位于对事件行使原审管辖权的法院所属国境内。REJA 第 5(3)(a)条进一步规定:"如果诉讼标的物为原审法院国境外的不动产,原审法院国的法院将不会被视为有管辖权。"⑤

30. 关于外国对物判决的可执行性,本报告人认为,该规定针对的是对物诉讼中作出的支付一定数额金钱的判决或裁定。通过报告人阅读 REJA 第 2 条"判决"这一术语的解释,可以得出这一结论。⑥

---

① 参见,例如, Choong Yeow Choy,"Enforcement for Foreign Judgments: The Role of the Courts in Promoting (or Impeding) Global Business",[2007] 30 *World Academy of Science*, *Engineering and Technology* 92; Kim Pham,"Enforcement of Non-Monetary Foreign Judgment in Australia",[2008] 30 *Sydney Law Review* 663。

② See *eg*, *Babanaft International Co SA v Bassatne* [1989] 2 WLR 232; *Republic of Haiti v Duvalier* [1990] 1 QB 202; [1989] 1 All ER 456 and *Crédit Suisse Fides Trust SA v Cuoghi* [1998] QB 818; [1997] 3 All ER 724.

③ [2005] 1 MLJ 654.

④ *Metrowangsa Asset Management Sdn Bhd v Ahmad bin Hj Hassan* [2005] 1 MLJ 654 at 34.

⑤ 高院在 *Charles Priya Marie v Koshy Cherian* [2010] 6 CLJ 693 中援引了这一规定,并认为 1958 年《互惠执行判决法》(99 号法)不适用,因为争议的财产位于原审法院国家之外。

⑥ 术语"判决"被定义为"由任何民事诉讼法院给予或作出的一个判决或命令,或者由刑事诉讼法院给予或作出的补偿或赔偿受害人一定数额金钱的判决或命令":1958 年《互惠执行判决法》(99 号法)第 2 条。

31. 在这一方面，当考虑到案件涉及外国对物判决时，承认与执行的区别是重要的并且必须被认同。

32. 本报告人认为，上面列举的拒绝外国对人判决的事由同样应该适用于对物判决。

33. 就本报告人所知，普通法上没有承认与执行外国对物判决的实质上的权威观点。

F. 结论

34. 必须注意，REJA 中列举的互惠国家会有变化。这在 REJA 第 3(2)条和第 9 条有明确规定。迄今为止，有两个实质变化。① 对于寻求外国判决承认与执行当事人而言，根据 REJA 推进可能会更有效率，对于不得不根据普通法寻求判决承认与执行的那些当事人，可以说没有明显的不利。就此方面法律的可适用的原则而言，两种机制下的规则与原则几乎一致。这是令人愉快的状况，因为事实是 REJA 的可适用范围相当狭窄，因此通过普通法执行外国判决可能会是唯一可行的途径。

35. 当考虑有关承认与执行外国判决的法律时，成文法和普通法原则同样重要。尽管如此，同样重要的还有法院如何着手处理问题，如何解释法规中的规定并适用法律与原则。总体上，对于外国金钱判决承认与执行，马来西亚的案件已经显示出一种开明的态度。

① 在 1994 年，参见 1994 年互惠执行判决(适用第 9 条)令[PU (A) 73/1994]，澳大利亚从互惠国家名单中被剔除。在 2000 年，参见 2000 年互惠执行判决(第二部分的扩展)令[PU (A) 122/2000]，文莱增列为互惠国家。

缅　甸

报告人：Minn Naing Oo
艾伦格禧律师事务所合伙人
艾伦格禧律师事务所（缅甸）分所管理董事

A. 导言

1. 缅甸曾经是英属印度的一个省,它的法律体系建立在英国的普通法原则和一些成文法的基础上。缅甸于1948年获得独立后,保留了很多当时以《缅甸法典》为形式存在的法律,而《缅甸法典》可以说是当时盛行的普通法的法典化。现代缅甸的法律制度就建立在这一传统遗产上,主要是一种普通法制度,尽管多年来缅甸普通法被各政治机构进行了重大修改。

2. 作为普通法法域,缅甸法院原则上承认有约束力的商业协议中的法律选择条款。值得注意的是,尽管缅甸法院承认协议中的法律选择条款和法院选择条款(而且,报告人据此认为,如果外国判决违反法院选择协议,那么缅甸法院将拒绝承认与执行外国判决),但1872年缅甸《合同法》第28条规定,任何试图限制一方当事人基于合同通过普通法庭的一般法律程序行使权利的条款无效。

B. 执行外国判决

3. 缅甸不是任何有关执行外国判决的双边或多边协定或公约的缔约国,当事人申请执行外国判决将根据

1908 年缅甸《民事诉讼法》(Civil Procedure Code,CPC),[1]和已经过时和陈旧的规则与程序。然而,缅甸是《纽约公约》[2]的缔约国,这可能使仲裁裁决比判决在缅甸更容易得到执行。

4. 1908 年缅甸《民事诉讼法》规定了执行外国判决的制度。尤其是《民事诉讼法》第 44A 条规定,“互惠领域内任何高等法院判决的经认证复本提交至区法院时,可以和区法院颁布的判决一样在缅甸得到执行”。缅甸总统在公报上公告的外国国家将被视为上述条文所称的“互惠领域”。(但)就报告人所知,迄今没有一个外国国家被宣布为“互惠领域”,因此缅甸《民事诉讼法》的这一规定实际上将不适用于缅甸执行外国判决。

5. 1908 年缅甸《民事诉讼法》第 13 条对外国判决(无论其是否由互惠领域还是其他地方的法院作出)进行了如下规定:

[A]外国判决是终局的,应对相同当事人之间或以相同权利提起诉讼的任何当事人之间直接作出判决,除非:

(a)外国判决不是由适格的管辖法院作出;

(b)外国判决不是对案件实体作出的;

(c)从表面上看外国诉讼是基于对国际法的错误观点或拒绝承认应适用的缅甸法;

(d)作出外国判决的程序违反自然正义;

(e)判决是通过欺诈获得的;

(f)外国判决维持的诉讼请求是建立在违反缅甸现行法律的基础上的。

6. 缅甸《民事诉讼法》第 13 条的效力是,原则上缅甸法院将通过判决支持原告申请执行外国判决的请求,除非发现外国判决因存在《民事诉讼法》第 13 条规定的以上情形而无效。

7. 报告人指出,近年来缅甸执行外国判决的情况并不多,因此本报告主要是基于普通法原则进行理论分析。从报告的案例来看,涉及的大多数判决源自印度。这一点可以预见,因为殖民时期两国建立了强大的政治和经济联系。印度和缅甸的法院,由于当时共同的渊源而具有很多相似之处。因此,几乎没有证据表明缅甸法院如何分析一个截然不同的法域(如民法法域)的判决。

---

① 参见《缅甸法典》第 12 卷第 28 章。

② 《有关承认与执行外国仲裁裁决的公约》(1958 年《纽约公约》)。

C. 一般程序

8. 一方当事人在缅甸申请执行外国判决,必须作为原告在缅甸起诉作为被告的判决债务人。对外国判决提出的诉讼没有规定具体的程序,而且与其他诉讼一样,(申请执行外国判决的诉讼)需通过提交起诉书来启动。根据1908年《时效法第一附表》第117条的规定,此种诉讼必须自外国判决作出之日起6年内提起。

9. 为了执行外国判决,缅甸法院必须拥有管辖权。一般而言,缅甸的每个法院均有管辖权允许执行外国判决,但其管辖权受一定的金钱限制。除了此种金钱限制之外,[①]缅甸法院还必须根据《民事诉讼法》第20条的规定对被告或诉因拥有管辖权。这要求:(a)判决债务人(外国判决的被执行人)必须在执行诉讼开始时是缅甸居民或必须在缅甸经商或亲自工作谋取利益,或者(b)获得的外国判决所基于的诉因必须全部或部分在缅甸发生。

10. 外国判决书的形式[②]要求原告列明由被告承担的具体数额。这表明缅甸法院只会执行金钱判决,至少从程序的角度来看是这样的,而且与禁令有关的判决,包括外国资产冻结和实际履行,都不会被执行。关于此规则,沃克诉格拉迪斯沃克案[③](K B Walker v Gladys B Walker)中指出:

> 为了确定已经宣布的外国判决是终局的和确定性的,必须证明在宣布该判决的法庭上,判决是终局的、确凿的,并且永久确立债务的存在,据此在缅甸寻求作出确定性的证据,从而在当事人之间产生**既判力**。

11. 因此,只有金钱判决才会得到执行,而外国对物判决在缅甸将无法得到执行。尤其是根据缅甸《民事诉讼法》第16条的规定,缅甸法律要求所有涉及缅甸不动产的案件必须在缅甸国内提起。

12. 沃克诉沃克案(Walker v Walker)也强调了案件是"确凿的"或"有既判

---

① 缅甸法院的金钱限制:乡镇法院不超过10亿缅甸元(MMK),地区法院不超过100亿缅甸元(MMK),高等法院和最高法院不受限制。

② 参见1908年《民事诉讼法第一附表》附录A第11条的规定。

③ AIR (1935) Ran 284 at 285 C1 [6]. 据本报告人所知,并不存在关于判决的利益是否可以执行或者是否执行外国刑事、税务或其他公法性判决之判例法。

力的”的必要性。[1] 因此,外国中间判决或外国判决未对实体问题作出终局判决的,将不能得到执行。[2]

13. 执行外国判决(如判决债权人获得执行外国判决的裁定)的预计时间长度为12~18个月,前提是没有不正常的延误并且所有文件都已妥善提交。但是,由于过去40年来缅甸的政治和经济情况,缅甸一般不执行外国判决,而且预计时间长度可能会有所不同。这也是缅甸司法体系发展步伐的结果,人们可以预料法院程序需要相当长的时间。

14. 如果申请执行外国判决的缅甸法院已经拥有管辖权执行类似判决,那么对此外国判决的执行取决于没有成功提出缅甸《民事诉讼法》第13条规定的反对事由。本报告考虑了关于此条文存在的一些判例法。

D. 法院的适格管辖权

15. 如果作出判决的外国法院缺乏管辖权,那么将不执行外国判决。外国法院是否拥有适格的管辖权这一问题是由缅甸法院根据缅甸法律而非外国法院的规则来判断的。缅甸《民事诉讼法》第14条规定:

> 提交的文件是外国判决经认证的副本时,缅甸法院将假定此判决由有适格管辖权的外国法院作出,除非存在相反的记录;但这一假定可因被证明缺乏管辖权而推翻。

16. 因此,在向缅甸法院提出执行外国判决的申请时,必须出具外国判决的经认证的副本以支持上述推定。根据缅甸《民事诉讼法》第14条的规定,推翻外国法院有管辖权之推定的举证责任,转移至被告。

17. 缅甸的判例法表明,如果相关当事人同意服从相同的管辖,那么该外国法院具有适格的管辖权。

(a) Steel Brothers & Co. Ltd. v Y A Ganny Sons and Two 案[3]中确定,如果外

---

① 据本报告人所知,不存在关于缅甸法院是否拒绝承认和执行因与缅甸判决相冲突的外国判决之判例法,而且也不存在如果缅甸法院面对两个相互冲突的判决,缅甸法院将采取何种行动之判例法。

② 据本报告人所知,尽管不存在关于在外国管辖区域内上诉至高等法院的判决能否被视为“确定性的”判决之判例法;但大多数普通法国家是如此,报告人认为缅甸法院将采取同样的立场。

③ (1965) BLR (CC) 449.

国法院和缅甸法院都有管辖权,那么合同当事人可以在合同中约定此争议应由其中某一法院进行判决,而且这种协议是完全合法的;以及

(b)V A S Arogya Odeyar v VR RM N S Sathappa Chettiar 案①中确定,如果外国法院向被告送达传票,被告出庭应诉而且就实体问题抗辩,而且同时对法院管辖权提出异议,那么此种出庭应诉将被视为同意法院的管辖权。一旦对实体问题作出裁决,那么被告将不能以缺乏管辖权质疑该判决。

E. 案件的实体

18. S P S N Kasivisvanathan Chettiar v S S Krishnappa Chettiar 案②规定了一项一般原则,即对受理外国判决诉讼的法院不能对原诉讼的实体问题或判决的恰当性进行审查。③ 因此,缅甸法院将不会对外国法院判决进行实质性审查。

19. 在 Saraswati v Manikram Balabux Bajaj BLR 案④这一典型案例中,法院并没有对判决进行严格审查,即使印度斋浦尔高等法院仅仅只是"用几句话"进行了审理,但被认为已经对实体问题进行了审理。因此,报告人认为缅甸法院不会拒绝执行存在事实或法律错误的外国判决。

20. 但是,缅甸的判例法关于缺席判决有以下不同的结论:

(a)C Burn v D T Keymer 案⑤中的裁定认为,由适格管辖法院作出的外国判决尽管是缺席作出的判决,如果被告有出庭和辩护的机会但却没有这么做,那么该外国判决在缅甸也是有约束力的。但是,外国判决必须是在考虑证据后才作出。本案的摘要表明,尽管被告已经应诉,但未能出席听证会。在该案中,法官认为,"被告不能主张自己没有出庭而避免既判力的适用,而且缺席判决中的原告……不能因为被告没有出庭保护自己的利益而被剥夺其享有的全部判决利益"。⑥

(b)但是,随后的 A N Abdul Rahiman v J M Mahomed Ali Rowther 案⑦中的

---

① (1951) BLR (HC) 211.

② (1951) BLR (HC) 399 at 399, [3] and at 403, [2].

③ See also *Baijnath Karnani v Vallabhadas Damani* AIR (1932) Mad 661; *Brijial Ramjidass v Govindram Gorhandas Seksaria* AIR (34) (1947) PC 192 and *Ganga Prasad v Ganesh Lal* 56 All 119.

④ (1956) HC 316.

⑤ (1913) 7 LBR 56.

⑥ *Sreehari Bukshes v Gopal Chunder Samuel* 15 WR 500 at [4].

⑦ (1928) 6 ILR 552.

裁决基于以下理由并没有支持外国缺席判决:

(i)在该案中,被告在缅甸仰光拒绝接受新加坡法院签发的传票,而且随后没有在新加坡法院出庭应诉和采取任何行动。

(ii)本案中的法官指出,“实体判决涉及将法院的意见适用于原告案件的真实性或虚假性,因此采纳证据对问题进行司法审理的判决可以是实体判决,即使它是缺席判决,但没有任何证据作出的判决不能被认为是实体判决”。

(iii)裁决认为,如果没有要求原告证明自己主张的情况下作出了支持原告的判决,在没有证据的情形下作出的此种缺席判决不得被视为根据缅甸《民事诉讼法》第13(b)条作出的实体判决,而且原告将败诉。

(c)因此,关键在于即使是缺席判决,外国判决也是基于已有证据的考虑而作出的判决。

(d)以上两起案件更有趣的要点在于, Burn v Keymer 案中,被告实际上已经出庭而且服从外国法院的管辖权。但是, Rahiman v Rowther 案中,被告并不服从外国法院的管辖权而且随后并没有出庭应诉和采取其他行动。这可能是判决两个案件的另一个区别因素。

F. 互惠

21. 缅甸《民事诉讼法》第13(c)条规定了互惠原则,如果外国法院已经拒绝在案件中适用应当适用的缅甸法,那么根据此原则,缅甸法院也将不承认外国判决。Kasivisvanathan v Krishnappa 案对阿拉哈巴德高等法院法官制定的规则有间接参考作用,即如果外国法院对问题的审理仅仅适用本国法的时效规定,那么这不意味着拒绝承认印度法,因为两国之间法律的时效规定是不同的。① 报告人希望缅甸也采纳类似的规则。

22. 缅甸《民事诉讼法》第13(c)条也规定,如果从表面上似乎发现外国程序建立在对国际法的错误理解上,那么外国判决也将在缅甸无法得到执行。

G. 自然正义

23. 缅甸《民事诉讼法》第13(d)条规定,外国法院必须坚持普遍接受的“自然正义”原则。遗憾的是,报告人并未找到适用此规定的判例法。

---

① *S P S N Kasivisvanathan Chettiar v S S Krishnappa Chettiar* (1951) BLR (HC) 399 at 403, [1], referring to *Ganga Prasad v Ganesh Lal* 56 All 119.

H. 欺诈

24. 缅甸《民事诉讼法》第 13(e)条规定,就执行而言,因一方当事人的欺诈行为获得的判决在缅甸不是确定性的(判决)。由于缅甸缺乏相关的判例法,因此并不清楚第 13(e)条是否局限于外国判决中的程序欺诈,或者它是否意味着缅甸法院要考虑曾向外国法院提出并被驳回的欺诈证据,从而使这种证据成为"案件实体"的一部分(根据前文所述的缅甸判例法,对其实质内容并不进行审查)。

I. 违反缅甸法

25. 缅甸《民事诉讼法》第 13(f)条规定,如果诉讼请求违反了缅甸现行法律,那么该外国判决不是确定性的。目前,还不清楚能否将这项规定适用于未违反缅甸现行成文法但违反了缅甸不成文政策的外国判决。这在缅甸尤其重要,因为确实存在缅甸当局适用的对在缅外国投资有重要影响的不成文政策。

国别报告

菲律宾

报告人：Elizabeth Aguiling-Pangalangan
菲律宾大学法学院教授

A. 根据条约承认与执行外国判决

1. 这里讨论的司法管辖权,是指审判法院的直接管辖权或者承认法院的间接管辖权。前者被称为直接管辖权,仅是因为受诉法院首先决定自己能够和应该行使管辖权。相反,间接管辖权是关于被请求承认和执行外国判决的法院必须作出的决定的管辖权。①

2. 菲律宾是《关于承认与执行外国仲裁裁决的公约》(也被称为《纽约公约》)的缔约国。除此之外,菲律宾不是其他承认与执行外国判决公约的缔约国。但是,《菲律宾法院规则》②(以下简称《法院规则》)规定外国判决在菲律宾可以通过独立诉讼得到承认与执行。③《法院规则》第 39 项规则第 48 条规定:

---

① Ralf Michaels, "Some Fundamental Jurisdictional Conceptions as Applied in Judgment Convention", in *Conflict of Laws in a Globalizing World: A Tribute to Arthur von Mehren*(Eckart Gottschalk *et al* eds)(Cambridge University Press,2007).

② 《民事程序规则》(1997 年第 803 号立法)。

③ *BPI v Guevara* GR No 167052 (11 March 2015) and *Hung Lung Bank, Ltd v Saulog* GR No 73765 (26 August 1991). 外国法院的判决或终局命令不能仅仅通过执行而执行。外国判决或裁决仅仅创

外国判决或终局命令的效力。

具有管辖权的外国法院作出的判决或终局命令具有以下效力：

(a)如果是关于某一特定事项的判决或终局命令，那么对该事项作出的判决或终局命令具有确定性的效力；以及

(b)如果是对人的判决或终局命令，那么该判决或终局命令是当事人和之后利益继承者之间权利的推定证据。在任何一种情况下，判决或终局命令都可能因缺乏管辖权、缺乏通知当事人、串通、欺诈或明显的事实与法律错误而受到排斥。

3. 尽管上述规则规定了外国判决可能得到承认与执行，但如果有证据表明缺乏管辖权、缺乏通知、存在串通、欺诈或明显的事实与法律错误或者发现违反菲律宾的法律、习惯或公共政策[①]时，法院可以拒绝承认与执行外国判决。但是有一种有争议的推定，即“无论是在菲律宾还是在其他地方，法院或法官都是在合法行使管辖权的情况下行事”。[②]

4. 在承认与执行外国判决时，菲律宾法院只能考虑将外国判决作为根据《证据规则》[③]加以证明的事实。菲律宾法院不会自动接受外国判决的司法认知。相反，需要符合《法院规则》第132项规则第24条的规定：

关于第19(a)条规定的公共文件记录，当为任何目的而采信时，可以通过官方出版物或由合法保管该记录的官员或其代理人证明的副本证明，并且如果记录保存在菲律宾，则必须附有该官员保管该文件的证明。如果记录保存在外国，则该证明可由大使馆秘书、公使馆全体人员、总领事、领事、副领事、领事代理人或保存该记录的菲律宾驻外服务官员作出并由其办公室印章认证。[补充强调]

立了一项诉讼权利，不满足外国判决确立的权利，是在菲律宾执行时起诉的诉因。在菲律宾，执行外国判决或终局命令的诉讼由《民事程序规则》(1997年第803号立法)第39项规则第48条规定。因此，承认外国判决的行为也是执行外国判决的行为。

① 《菲律宾共和国民法典》(1949年第386号共和国法律)第17条规定：关于个人、其行为或财产的禁止性法律，以及那些违反公共秩序、公共政策或善良风俗的法律，不因法律、判决或外国判决中的协议而无效。

② 《证据规则修订版》(1989年3月14日通过)第131项规则第3(n)条。

③ 《证据规则修订版》(1989年3月14日通过)。

5. 正如 Corpuz v Tomas 案中所阐述的:①

任何承认外国判决的出发点,是承认菲律宾法院不接受外国判决和法律的司法认知。作为一项规则,主权国家并不一定会对其他国家法院作出的判决赋予效力。这意味着必须将外国判决及其真实性作为根据我们的证据规则加以证明的事实,而且结合外国适用的国内法来证明外国判决对外国人本身的效力。这可能是基于特定的目的在某一诉讼中作出,或者在其他的诉讼中当事人援引外国法作为其主张或辩护的必要方面。

6. 关于外国判决在菲律宾的承认与执行,必须在民事诉讼中将该判决提交菲律宾法院,并根据外国判决所依据的法律和法理证明这种外国判决的真实性和有效性。② 如果无法证明外国程序法,那么将适用程序推定原则,即如果外国法律没有得到适当的主张或证明,那么推定外国法律与法院地法相同。③

7. 允许承认和执行外国判决的基本原则之一是建立在信任和互惠基础上的礼让原则。在 St Aviation Services 案④中,法院指出,“根据礼让、⑤有效和便利原则以及文明国家确立的惯例,有管辖权的外国法院的终局判决将得到相互尊重和生效,依据的条件在不同国家可能有所不同”。

8. Mijares v Ranada⑥ 一案阐述了另一个从总体上承认与执行外国判决的理论基础:

条约或公约中并没有规定义务性规则要求菲律宾承认外国判决,或允许执

---

① GR No 186571 (11 August 2010).

② 为了避免疑虑,菲律宾法院并不对外国判决进行实质性审查。Jorge Rioflorido Coquia & Elizabeth Aguiling-Pangalangan, *Conflict of Laws: Cases, Materials and Comments* (Central Professional Books, 2000), at 533.

③ *EDI-Staffbuilders Intl v NLRC GR* No 145587 (26 October 2007) 537 SCRA 409 at 430.

④ GR No 140288 (23 October 2006).

⑤ *Hilton v Guyot* 159 US 113 at 163 - 164 (1895). 该案将“礼让界定为一方面既不是绝对的义务,另一方面也不是纯粹的礼貌和善意”。但是,一个国家在其领土内承认其他国家的立法、行政或司法行为,同时兼顾国际义务、便利以及本国公民或其他人的权利受到法律的保护。这并不是法院的礼让,而是国家的礼让。

⑥ GR No 139325 (12 April 2005).

行外国判决的程序。但是,普遍接受的国际法原则通过宪法中的合并条款,尽管不是从条约义务中派生出来的,构成本国法的组成部分。国际法中的经典规则是这些被接受的有约束力的习惯性规则,其约束力基于以下两个因素:已确立的、普遍的和持续性的国家实践,以及心理因素即确信为法律。

尽管尚未确立承认与执行外国判决之概念界定因素,但法院可以断言,这种义务属于公认的国际法原则之一。正如之前所证明的,国家之间的普遍实践尽管受到不同程度的限制,但原则上接受承认与执行外国判决的需要。事实上,没有有约束力的一般条约来规制此实践,并不代表普遍拒绝此原则,只是关于承认与执行程序之应适用的特定规则存在分歧。

这是一项重要的主张,因为它承认《法院规则》第39项规则第48条规定的程序和必要条件之效力并不仅仅根据程序规则,而是根据宪法所包含的条文。最高法院和国家其他机关一样有义务遵守国内法以及作为国家法组成部分之普遍接受的国际法原则,例如,确保符合条件的外国判决被承认与执行。[补充强调]

B. 菲律宾法院的考量因素

9. 被请求法院将根据以下各种因素考虑承认或执行外国判决。

i. 外国法院的管辖权

10. 在决定是否承认外国判决时,被请求承认法院考虑外国法院是否拥有适格的管辖权根据的是外国法院的程序规则。如果外国法院未合理行使管辖权,那么被请求承认法院将不承认此判决。

11. 承认与执行外国判决的必要条件之一,是外国判决应当由对当事人和案件有管辖权的司法或准司法[①]法庭作出。法院行使对人诉讼中的管辖权是通过有效的送达传票,而且遵循管辖权的传统做法或符合公平和实体正义的标准。[②] 在对物诉讼中,法院对其领土范围内的财产拥有管辖权。另外,标的物管辖权由菲律宾宪法和成文法根据争议的性质决定,从而决定法院审理案件并作

① *Dacudao v DOJ GR* No 188056 (8 January 2013), 该案指出:"准司法机构是除法院或立法机关以外的政府机关,通过裁决或制定规则来影响私人当事人的权利。"

② Jorge Rioflorido Coquia & Elizabeth Aguiling-Pangalangan, *Conflict of Laws: Cases, Materials and Comments*(Central Professional Books, 2000), at 535.

出判决的能力。[①]

12. 因此，菲律宾法院能拒绝承认与执行外国法院缺乏管辖权的外国判决。[②] 这一主张可以在《法院规则》第39项规则第48条找到法律依据。

13. Northwest Orient Airlines v CA[③] 一案中，法院讨论了“推定外国判决有效而且在其来源国有约束力，直到发现相反情形。而且，可以合理推定外国程序的正当性和给予适当通知”。进一步指出：[④]

> 根据《法院规则》第39项规则第50条的规定，有管辖权的外国法院所作之与前述判决相似的对人诉讼判决，是当事人和之后权利继承者之间的权利的推定证据。但是，外国判决可能会因为缺乏管辖权、缺乏适当通知、串通、欺诈或明显的法律与事实错误等证据而受到质疑。
>
> ……
>
> 因此，质疑外国判决的当事人承担推翻判决有效性推定的义务。
>
> [补充强调]

14. 在判断外国法院是否拥有管辖权时，菲律宾法院要求规定管辖权的外国程序法通过证据加以证明（外国法院国内法中的救济事项和程序必须根据以下规定确定）。如果无法证明外国程序法，那么将遵循程序推定原则。在Suntay v Suntay[⑤] 案中，菲律宾法院拒绝批准遗嘱认证的诉求，因为原告未能证明中国法院是遗嘱认证法院。

15. 菲律宾法律要求外国法院承认与执行之互惠，因为根据国际社会接受的原则包括国际礼让原则等，菲律宾将承认与执行外国法院的判决。[⑥] 在St Aviation Services 案中，该案涉及某一新加坡公司与菲律宾公司之间的合同，菲

---

① Jorge Riofloridо Coquia & Elizabeth Aguiling-Pangalangan, *Conflict of Laws*: *Cases*, *Materials and Comments* (Central Professional Books, 2000), at 36.

② See *Spouses Belen v Hon Chavez* GR No 175334 (26 March 2008) and *St Aviation Services v Grand International Airways* GR No 140288 (23 October 2006).

③ GR No 112573 (9 February 1995).

④ *Northwest Orient Airlines v CA* (GR No 112573) (9 February 1995).

⑤ GR Nos L－3087 and L－3088 (31 July 1954).

⑥ Jorge Riofloridо Coquia & Elizabeth Aguiling-Pangalangan, *Conflict of Laws*: *Cases*, *Materials and Comments* (Central Professional Books, 2000), at 549.

律宾法院指出,尽管主权国家没有义务"根据礼让、有效和便利原则授予外国判决效力,但根据文明国家之前确立的惯例,有管辖权的外国法院的终局判决将得到相互尊重和生效,其依据的条件可能在不同国家有所不同"。[①]

ii. 欺诈

16. 根据《法院规则》第 39 项规则第 48 条的规定,欺诈或串通证成将阻碍执行外国判决。

17. 但是,必须注意到存在两种由不同规则规制的菲律宾法承认的欺诈类型:内在欺诈和外在欺诈。为了阻碍执行外国判决,欺诈必须是外在的。为了质疑之前的判决,实质性欺诈必须是基于在已作出判决的案件[②]中未辩论或确认的事实;或者必须存在当事人串通、隐瞒重要文件或者向有管辖权的法院呈交伪造的遗嘱或虚假口供,[③]或者剥夺有卓越辩护能力的一方当事人为其判决进行辩护的机会。这与内在欺诈有所区别,内在欺诈涉及已经被判决的诉因之存在。[④]

iii. 公共政策

18. 菲律宾法院将公共政策视为"承认判决的抗辩事由,是在国际实践中基于各种考虑因素可导致拒绝承认外国判决的保护伞。而且,如果证明外国诉讼请求违反菲律宾的宪法性价值,那么公共政策也能防止可能的轻易滥用外国诉讼"。[⑤]

19.《菲律宾民法典》第 17 条规定了当外国判决违反公共政策时,排斥外国判决这一事由。[⑥]

20. 由于公共政策根据的是"任何人不得依法作出任何有损公众或公共利益的行为"这一原则,[⑦](因此)菲律宾法院将公共政策例外作为拒绝承认外国

---

① *St Aviation Services v Grand International Airways* GR No 140288 (23 October 2006).

② 这些事实并不影响诉因的存在与否。例如,与构成诉因的欺诈事实不同,外在欺诈可能与一方当事人在法庭上剥夺对方当事人的行为有关。

③ Jorge Rioflorido Coquia & Elizabeth Aguiling-Pangalangan, *Conflict of Laws: Cases, Materials and Comments*(Central Professional Books, 2000), at 556.

④ *Asiavest Merchant Bankers Berhad v CA* GR No 110263 (20 July 2001).

⑤ *Hilton v Guyot* 159 US 113 at 163 - 164 (1895).

⑥ Republic Act No 386 (1949).

⑦ Jorge Rioflorido Coquia & Elizabeth Aguiling-Pangalangan, *Conflict of Laws: Cases, Materials and Comments* (Central Professional Books, 2000), citing *Ferrezzeni v Gsell* 34 Phil 697 (1916); *Lichaco v De Guzman* 18 Phil 283 (1911).

判决的理由。

21. 在 Pakistan Airlines v Ople[①] 案中，在菲律宾的外国商业公司与菲律宾飞机服务员之间缔结的雇佣协议中，规定了法律选择条款和在巴基斯坦卡拉奇法院起诉的法院选择条款。菲律宾最高法院认为：[②]

当事人不得用合同排除应适用的法律条款，尤其是涉及明显公共利益事务的强制性规定。这一关系受到公众利益的严重影响，而且本应适用的菲律宾法律和条例不能因当事人同意由其他的法律规制其关系而成为虚幻。

22.《菲律宾民法典》第 2229 条规定了惩罚性赔偿判决，因此惩罚性赔偿判决不能被视为违反公共政策。但是，只有根据特定的条件才能作出惩罚性赔偿判决：[③]

第一，它们仅可通过补偿性损害赔偿之外的示范或惩罚予以实施，而且无法作为权利予以追索。对它们的决定依赖于判给赔偿请求人的损害赔偿金数额。第二，赔偿请求人必须首先确立他的权利以获得道义上的、适度的违约或补偿性损害赔偿。第三，不法行为必须伴随着恶意，而且只有当有罪的一方当事人以放肆的、欺诈的、鲁莽的、压迫的或恶意的方式行事时，才允许该裁决。

iv. 正当程序

23. 当被告没有获得及时的程序通知以使其为自己辩护时，这将被视为极度忽视正当程序，将导致法院拒绝承认与执行外国判决。[④] 正如《法院规则》第 39 项规则第 48 条所规定的，如果作出判决的法院缺乏管辖权，或者判决存在欺诈、串通、缺乏通知或明显的法律与事实错误，此时这将被视为忽视正当程序。

24. El Blanco v Palanca 案[⑤]中列举了满足正当程序的必要条件，即“(1)法院必须拥有审理和判决案件的司法权；(2)必须对被告或诉讼标的物拥有合法

---

① GR No 61594 (28 September 1990).

② *Pakistan Airlines v Ople* GR No 61594 (28 September 1990).

③ *Mendoza v Gomez* GR No 160110 (18 June 2014).

④ Jorge Rioflorido Coquia & Elizabeth Aguiling-Pangalangan, *Conflict of Laws: Cases, Materials and Comments*(Central Professional Books, 2000), at 535.

⑤ GR No L－11390 (26 March 1918).

管辖权;(3)必须给被告听审的机会;(4)必须是基于合法听审而作出的判决”。在判断是否符合这些要件时,必须在菲律宾法院证明外国法。而且,如果无法证明外国法,那么菲律宾法中关于正当程序的程序推定原则适用于判定(外国判决)是否符合正当程序要求。

v. 外国程序的终局性

25. 申请承认的外国判决必须是终局的和可执行的判决,而且在其他诉讼中必须具有既判力。只有当依法上诉的期限届满后或者上诉法院维持原判决时,外国判决才是终局的或可执行的判决。① 例如,在菲律宾,当 15 日的上诉期限②届满后,菲律宾法院作出的判决将是终审判决。如果外国判决仍然能够在外国高级法院上诉,那么菲律宾法院将拒绝承认与执行外国判决。否则,判决来源国的上诉或最高法院可能推翻同时菲律宾法院已经承认的判决。

26. 如果外国判决是中间性或临时性的,则不能得到承认与执行,要全面审查后再作出后面的终局判决。③ 在 Querubin v Querubin 案④中,法院的判决理由是,该外国判决是中间性判决而非终局命令,而且受制于案情的改变。⑤ 鉴于外国法院对此问题的判决并没有终局性地处理和判决当事人权利,因此将不能执行此判决。

27. 当对缺席判决⑥不能再提起上诉时,缺席判决也被认为是具有终局性的。在 Borthwick v Castro 案⑦中,菲律宾法院指出,除非缺席判决是错误的判决,(否则)美国夏威夷州法院作出的缺席判决在菲律宾具有可执行性,该案并不是错误的判决。在 St Aviation Services 案⑧中,菲律宾法院指出,根据菲律宾的规则,由于对被告送达了传票,因此外国法院对被告作出的缺席判决是有

---

① *Perez v Zulueta* GR No L-10374 (30 September 1959).

② 参见 1980 年《司法改编法》第 39 条(第 129 号国家立法)。

③ Jorge Rioflorido Coquia & Elizabeth Aguiling-Pangalangan, *Conflict of Laws: Cases, Materials and Comments*(Central Professional Books, 2000), at 535.

④ GR No L-3693 (29 July 1950).

⑤ *Querubin v Querubin* GR No L-3693 (29 July 1950).

⑥ 《民事程序规则》[Bar Matter No 803 (1997)]第 3 条规定:如果被告未能在允许的时间内答辩,那么根据原告提出的通知被告的请求和被告未答辩的证据,法院将对被告进行缺席判决。因此,除非法院通过行使自由裁量权要求原告提交证据,否则法院将判决批准原告在诉状中提出的此种诉求。此种证据的接收可以委托给法院书记员。

⑦ GR No L-57338 (23 July 1987).

⑧ *St Aviation Services v Grand International Airways* GR No 140288 (23 October 2006).

效的。

vi. 已决诉讼

28. 已决诉讼是拒绝承认的事由之一。适用此事由，必须同时满足以下因素：

(a)之前的判决必须是终局判决；

(b)必须是对实体问题作出的判决；

(c)受案法院必须对案件和当事人拥有管辖权；

(d)在第一和第二诉讼中必须有相同的当事人、标的和诉因。[①]

29. 当外国判决与其他终局的和确定性的判决相冲突时，菲律宾法院将拒绝承认与执行外国判决。在外国判决和菲律宾判决之间，报告人认为，菲律宾法院很可能会坚持本国的判决。

30. 关于两个相互冲突的外国判决，菲律宾法院很可能支持更接近菲律宾法律的判决。如果与继承权有关的外国判决来源于大陆法国家和普通法国家，菲律宾法院很可能更支持源自大陆法国家的外国判决。作者得出此结论是根据菲律宾的法律历史，菲律宾的私法移植于《西班牙民法典》。[②]

vii. 实质性审查

31. 在承认外国判决时，菲律宾法院将不对案件进行实质性审查。这是因为外国判决依据的外国法不属于菲律宾法院的司法知识范围之内，菲律宾法院无权代替另一国家判决审理该法律问题。因此，菲律宾法院仅限于根据法院规则决定是否承认外国判决为事实。

32. 关于"明显的法律或事实错误"，菲律宾法院将不会以自己法律或证据解释替代其对外国法院的法律或证据的解释。如果外国法院存在事实或法律错误，可通过及时提起上诉来进行纠正。[③] 菲律宾法院仅仅只拒绝承认与执行因明显的事实或法律错误而对另一方当事人"明显不公正"的外国判决。[④]

33.《法院规则》第39项规则第48(b)条规定了外国对人判决或终局命令创立当事人和利益继承者之间权利的推定证据。因此，菲律宾法院对外国判决进行有限的审查，不允许菲律宾法院对外国判决进行实质性审查。一旦菲律宾

---

① *Taganas v Emuslan* GR No 146980 (2 September 2003).

② 经1889年7月24日王室法令批准。

③ *BPI Securities Corp v Guevara* GR No 159786 (15 August 2006).

④ *Soorajmull Nagarmull v BISCOM* GR No L-22470 (28 May 1970).

法院承认和证明了外国判决，只有当存在违反管辖权要求、适当通知当事人、串通、欺诈或明显的法律与事实错误时才能排斥外国判决。①

34. 菲律宾法院拒绝审理该案件也是基于排除性政策，正如在 Mijares v Ranada 案②中指出：

> 之所以称为排除性政策，是因为它旨在保护当事人从先前的诉讼中获得的预期，以保护被告免遭烦扰，而且确保不增加法院因相同争议导致的无休无止的诉累。
>
> 正如起草的那样，《民事程序规则》第 141 项规则避免了不合理性，因为该规则规定*执行外国判决的诉讼标的是外国判决本身，而不是外国判决中的相关权利义务*。
>
> ［补充强调］

viii. 金钱判决

35. 无论金钱判决的目的是支付欠款还是损害赔偿，包括根据外国刑法、税收或其他公法判决的损害赔偿，外国金钱判决都将得到菲律宾的承认或执行，但此判决必须为了一定数额的金钱。③

36. 在 BPI v Guevara 案④中，菲律宾法院许可执行美国得克萨斯州法院作出的外国判决。此判决要求菲律宾群岛银行向胜诉被告支付 49,500 美元以及法定利息、律师费和诉讼成本。

37. 根据外国刑法、税收或其他公法作出的外国判决有权得到承认和执行，只要这种外国法和外国判决的事实能被证明。

ix. 非金钱判决

38. 根据承认与执行规制金钱判决之相同的规定，非金钱性对人判决也能在菲律宾得到执行。在对人诉讼中，外国判决中当事人和利益继承者之间的权利是推定的，而非确定性的。但外国判决易受到菲律宾当地法院缺少管辖权或

---

① *BPI v Guevara* GR No 167052（11 March 2015）citing Minoru Fujiki v Marinay GR No 196049（26 June 2013）.

② GR No 139325（12 April 2005）.

③ Jorge Rioflorido Coquia & Elizabeth Aguiling-Pangalangan, *Conflict of Laws: Cases, Materials and Comments*（Central Professional Books, 2000）, at 535.

④ GR No 167052（11 March 2015）.

未通知当事人、串通、欺诈或明显的法律与事实错误的指控。[①]

39. 2016 年《菲律宾共和国法第 9160 号条例与实施细则修订版》中规定,反洗钱委员会的职能之一,是受理外国提出的申请支持其根据《反洗钱法》的规定采取的反洗钱行动。[②] 因此,根据菲律宾管辖权规则,如果遵守 2001 年《反洗钱法》[③]及其实施细则中的特定程序,那么外国财产将受制于财产冻结法令。

x. 违反协议

40. 另一个拒绝承认外国判决的理由,是外国法院的程序违反当事人之间争议必须于某地处理的协议。[④] 但是,法院在 Hong Kong and Shanghai Banking Corp v Sherman 案[⑤]中指出,即使存在此种争议解决协议,法院也能继续审理案件。

41. 在此案中,被告担保东方图书出版公司(Eastern Book Supply)对香港上海银行股份公司(Hong Kong and Shanghai Banking Corporation,HSBC)的贷款义务。当主要债务人东方图书出版公司违约时,香港上海银行股份公司在菲律宾奎松城法院起诉,申请执行被告的担保义务。而被告却援引担保合同中的选择新加坡法院的法院选择协议条款。菲律宾法院判决此条款并不剥夺菲律宾法院的管辖权,(因为)没有协议规定"仅仅新加坡法院拥有管辖权,而排除其他所有国家的管辖权"。[⑥]

42. 在另一案件中,[⑦]法院讨论了"法律选择协议并不是管辖权的决定因素。在协议中规定支配合同的法律并不排除其他地方的法院行使管辖权。反过来也是同样的道理:对法院管辖权的行使,事实上并不意味着不能适用和依据当事人协议选择的法律"。的确,对诉讼标的的管辖权由法律而非当事人授权。

43. 总之,菲律宾法院将不会自动拒绝承认和执行违反法律选择协议或法院选择协议的外国判决。具体而言,如果当事人 A 和 B 之间缔结的合同中包括仲裁协议条款,但当事人 A 却在国家 X 起诉而且胜诉,菲律宾法院(Y 国)作为

---

① 《证据规则修订版》(1989 年 3 月 14 日通过)第 39 条第 48 款。

② 2016 年《菲律宾共和国实施细则和第 9160 号共和国条例》第 7B(8)条。

③ 2001 年《菲律宾共和国第 9160 号法律》。

④ Jorge Rioflorido Coquia & Elizabeth Aguiling-Pangalangan, *Conflict of Laws: Cases, Materials and Comments*(Central Professional Books, 2000), at 535.

⑤ GR No 72494 (11 August 1989).

⑥ *Hong Kong and Shanghai Banking Corp v Sherman* GR No 72494 (11 August 1989).

⑦ *Saudi Arabian Airlines v Rebesencio* GR No 198587 (14 January 2015).

判决被请求承认国将不会审查 X 国是否具有管辖权。如果发现仲裁协议条款不足以推翻法院的管辖权和继续审理此案，菲律宾法院将承认和执行该判决。

44. 菲律宾还没有加入 2005 年 6 月 30 日海牙《选择法院协议公约》。

xi. 对物判决

45. 菲律宾允许承认与执行外国财产判决，(但)受到不动产适用物之所在地法这一例外限制。具体而言，当在 A 国缔结合同，而加拿大债权人和菲律宾债务人之间未支付的借款合同中抵押的不动产位于菲律宾时，菲律宾法院将不承认支持此合同的外国判决，因为存在对外国人财产所有权的宪法性限制。①

46. 对物判决与对人判决的效力并不相同。在 Mijares v Ranada 案②中，法院指出：

> 在对物诉讼中，外国判决被认为是确定性的，而在对人诉讼中，外国判决中当事人和利益继承者之间的权利是推定的，而非确定性的。但对物判决和对人判决都易受到菲律宾当地法院缺少管辖权或未通知当事人、串通、欺诈或明显的法律与事实错误的指控。[补充强调]

47. 很明显，一般而言，拒绝承认与执行对人判决的事由与拒绝承认与执行对物判决的事由是相同的。但是，关于不动产判决，(拒绝承认与执行)的一个附加事由是该判决是否违反 1987 年《宪法》③对外国判决的禁止性规定，即 1987 年《宪法》规定限菲律宾公民从事特定行业、产业和拥有财产。

---

① 根据 1987 年《菲律宾共和国宪法》第 12 条的规定，限制外国投资者对不动产的所有权——他们不得拥有超过 40% 的不动产。关于自然资源的勘探、开发和利用，只有菲律宾公司(其中至少 60% 应由菲律宾人所有)才被允许参与此类活动。

② GR No 139325 (12 April 2005).

③ 参见 1987 年《菲律宾共和国宪法》第 12 条第 2 ~ 7 款的规定。

国别报告

新加坡

报告人：Adeline Chong 博士
新加坡管理大学副教授

A. 导言

1. 对人判决确定诉讼当事人的权利和义务，且仅对当事人具有约束力。对物判决宣告某一特定诉讼标的物的地位，并旨在具有对世约束力。本报告关注的重点是民商事领域的外国对人和对物判决。

2. 依据新加坡法律，民商事领域的外国对人判决和对物判决可以依据普通法规则，或者适用以下 3 部制定法其中之一，获得承认与执行。制定法包括《英联邦判决互惠执行法》、[①]《外国判决互惠执行法》[②]和 2016 年《选择法院协议法》第三章。[③]

3. 必须指出的是，新加坡的国际私法深受英国法影响。新加坡承认和执行外国判决所适用的普通法规则，多数源于英国普通法。[④]《英联邦判决互惠执行法》和《外国判决互惠执行法》也仿效了英国制定法。[⑤] 即便如此，虽然英国法的观点对新加坡法院具有很强的说服

---

① Cap 264, 1985 Rev Ed.

② Cap 265, 2001 Rev Ed.

③ Act 14 of 2016.

④ 参见《英国法律适用法》第三部分（Cap 7A, 1994 Rev Ed）。

⑤ 分别为英国 1920 年《司法管理法》（c. 81）和 1933 年《外国判决（互惠执行）法》（C 13）。

力,但是新加坡法院会援引不同国家的判例和最新发展,在某些问题上已经与英国法分道扬镳。[①]

4. 首先,本报告将分析承认和执行外国对人判决适用的普通法规则以及《英联邦判决互惠执行法》和《外国判决互惠执行法》的相关规则。由于这三种制度的规则大致相同,[②]本报告遂一并介绍。其次,本报告将分析适用于外国对物判决的规则;最后,本报告再分析 2016 年《选择法院协议法》包含的规则。

B. 普通法规则、《英联邦判决互惠执行法》和《外国判决互惠执行法》

i. 对人判决

5.《英联邦判决互惠执行法》适用于英国高级法院和英联邦其他国家高级法院所作的判决,具体适用的国家会不定期在政府公报上公布。迄今为止,该清单中包括但不限于如下国家的法院,马来西亚、文莱达鲁萨兰国、印度(查谟和克什米尔邦除外)、澳大利亚联邦以及新南威尔士、昆士兰、南澳大利亚、塔斯马尼亚、维多利亚州和西澳大利亚、澳大利亚首都领地、诺福克岛和北领地。

6.《外国判决互惠执行法》适用于一些国家或地区高级法院所作出的外国判决,这些国家或地区会在政府公报上公布。到目前为止,新加坡政府仅公报宣告中国香港特别行政区适用该法。依据这两部制定法,一国或地区的法院能否被包含在宣告适用的政府公报中,取决于该国或地区是否给予新加坡判决互惠待遇。[③]

7. 来自政府公报载明的国家或地区,依据《英联邦判决互惠执行法》或《外国判决互惠执行法》进行登记的判决,可以在新加坡与新加坡法院作出的判决一样得到执行。适用《英联邦判决互惠执行法》的外国判决仍可适用普通法上的制度得到执行,但判决债权人无法主张诉讼费用。[④] 适用《外国判决互惠执行法》的外国判决只能通过该法规定的途径得到执行。[⑤]

---

① 例如,关于欺诈抗辩事由的适用范围:见下文第 19 段。

② 《英联邦判决互惠执行法》(Cap 264, 1985 Rev Ed)以及《外国判决互惠执行法》(Cap 265, 2001 Rev Ed)的规定(很大程度)旨在反映普通法关于判决承认与执行的规则:Yeo Tiong Min, *Halsbury's Laws of Singapore* Vol 6(2) (LexisNexis, Reissue, 2013) at para 75.151。

③ 《英联邦判决互惠执行法》(Cap 264, 1985 Rev Ed)第 5 条;《外国判决互惠执行法》(Cap 265, 2001 Rev Ed)第 3 条。

④ 《英联邦判决互惠执行法》(Cap 264, 1985 Rev Ed) 第 3(5)条。

⑤ 《外国判决互惠执行法》(Cap 265, 2001 Rev Ed) 第 7(1)条。

8. 与制定法规定的制度不同，执行外国判决的普通法理论基础在于，符合特定条件的外国判决，即创设一项简单之债，根据新加坡法律，判决债务人有义务履行此项债务。① 判决债权人必须依新的债务之诉的诉因提起诉讼。在新加坡偿还债务的义务独立于在原审外国法院起诉时的原诉因。② 普通法不要求外国判决必须由外国高级法院作出。

9. 在普通法中，针对外国判决项下的债务提起之诉讼，必须在外国判决作出后6年内提起。③ 同样6年的时效规定也适用于依据《外国判决互惠执行法》进行登记的外国判决。④《英联邦判决互惠执行法》规定，登记外国判决的申请必须在判决作出之日后的12个月内提起，"或在法院允许的更长期限内提起"。⑤

10. 一般而言，一项外国判决如果满足以下条件即可获得执行：(1)判决系对案件实体问题所作的裁判；(2)判决是载明确定数额的或可确知数额的金钱判决，且该款项不涉及税收、罚款或其他处罚；(3)判决具有终局性；(4)根据新加坡国际私法规则，外国法院对案件享有国际管辖权；(5)对于执行不存在抗辩事由。

11. 一方可以请求承认外国法院判决，但不请求执行该外国判决，以此确立诉因或者争点禁反言。⑥ 如果当事人请求新加坡法院承认外国判决，则适用同样的标准，但判决无须是载明确定数额或可确知数额的金钱判决。⑦ 外国法院判决的承认主要适用普通法规则。⑧

12. 如果一项外国判决判令债务人支付一定数额的金钱，则该判决显然是可执行的。但外国判决必须是一项新的金钱判决；如果一项判决判令债务人对先前

① *Poh Soon Kiat v Desert Palace Inc* [2010] 1 SLR 1129 at [42]; *Giant Light Metal Technology (Kunshan) Co Ltd v Aksa Far East Ltd* [2014] 2 SLR 545 at [17]; *Alberto Justo Rodriguez Licea v Curacao Drydock Co, Inc* [2015] 4 SLR 172 at [21].

② *Ralli v Angullia* (1917) 15 SSLR 33.

③ *Poh Soon Kiat v Desert Palace Inc* [2010] 1 SLR 1129 at [49] and [54].

④ 《外国判决互惠执行法》(Cap 265, 2001 Rev Ed) 第4(1)(a)条。

⑤ 《英联邦判决互惠执行法》(Cap 264, 1985 Rev Ed)第3(1)条。参见 *Westacre Investments Inc v The State-Owned Company Yugoimport SDPR* [2009] 2 SLR(R) 166。

⑥ *Humpuss Sea Transport Pte Ltd v PT Humpuss Intermoda Transportasi TBK* [2016] 5 SLR 1322; *Manharlal Trikamdas Mody v Sumikin Bussan International (HK) Ltd* [2014] 3 SLR 1161.

⑦ *Humpuss Sea Transport Pte Ltd v PT Humpuss Intermoda Transportasi TBK* [2016] 5 SLR 1322 at [67].

⑧ 《英联邦判决互惠执行法》(Cap 264, 1985 Rev Ed)没有规定外国判决的承认，但是《外国判决互惠执行法》(Cap 265, 2001 Rev Ed)第11条明确对外国判决的承认进行了规定。

判决项下的未清偿债务负有责任,则该判决不构成判令债务人向债权人支付确定数额金钱的判决,原因在于该判决未创设新的债务。① 外国判决是否构成一项新的金钱判决,依据原审国法律来确定。② 此外,金钱判决不得构成对外国刑法、税收或其他公法的直接或间接执行。③ 判决中金额的利息是可以执行的。④

13. 除了《选择法院协议法》之外,对于判令非金钱救济的外国判决,如禁止令或实际履行,新加坡没有执行此类判决的相关规则。⑤ 判令非金钱救济的外国判决可以获得承认,以此具有对该判决已决的特定事项或诉因的既判力。包括资产冻结在内的临时救济裁定基本上无法在新加坡得到执行。即使不考虑外国判决必须是载明确定数额或可确知数额金钱判决这一要件,临时救济判决通常依单方面申请而作出,而不是对案件实体问题作出的终局判决。

14. 如果依据判决作出地的法律,判决在当事人间具有既判力,并且作出该判决的法院不能更改、重审或撤销该判决,⑥则该外国判决具有终局性。⑦ 在决定外国判决是否具有终局性时,新加坡法院不仅考虑新加坡法律的规定,而且考虑"外国法律本身对判决性质的规定"。⑧ 即使外国判决存在向上级法院上

---

① *Poh Soon Kiat v Desert Palace Inc* [2010] 1 SLR 1129.

② *Poh Soon Kiat v Desert Palace Inc* [2010] 1 SLR 1129 at [19].

③ *The Republic of the Philippines v Maler Foundation* [2014] 1 SLR 1389 at [68]; *Alberto Justo Rodriguez Licea v Curacao Drydock Co, Inc* [2015] 4 SLR 172;《外国判决互惠执行法》(Cap 265, 2001 Rev Ed) 第3(2)(b)条。

④ *Giant Light Metal Technology (Kunshan) Co Ltd v Aksa Far East Ltd* [2014] 2 SLR 545 at [80];《外国判决互惠执行法》(Cap 265,2001 Rev Ed) 第4(8)条。

⑤ 《英联邦判决互惠执行法》(Cap 264,1985 Rev Ed) ("RECJA") 和《外国判决互惠执行法》(Cap 265, 2001 Rev Ed) ("REFJA") 均将承认和执行限定在对人判决中的金钱判决:《英联邦判决互惠执行法》第2(1)条和《外国判决互惠执行法》第3(2)(b)条。Cf *Pro Swing Inc v Elta Golf* [2006] 2 *SCR* 612 (*Canada*) *and The Brunei Investment Agency v Fidelis Nominees Ltd* [2008] JLR 337 (Jersey)。

⑥ 《英联邦判决互惠执行法》(Cap 264, 1985 Rev Ed) ("RECJA") 下,这一要件也适用。{*Ho Hong Bank Ltd v Ho Kai Neo* [1932] MLJ 76, 该案涉及马来西亚胡佛州《外国判决(互惠执行)法》(1922年第10号)},该法在这个问题上有类似规定);《外国判决互惠执行法》(Cap 265, 2001 Rev Ed)第3(2)条也有此项规定。

⑦ *Murakami Takako v Wiryadi Louise Maria* [2007] 1 SLR(R) 1119 (HC) at [36], *Murakami Takako v Wiryadi Louise Maria* [2007] 4 SLR(R) 565 (CA) at [51]; *The Bunga Melati* 5 [2012] 4 SLR 546 at [81]; *Manharlal Trikamdas Mody v Sumikin Bussan International (HK) Ltd* [2014] 3 SLR 1161 at [140] - [142].

⑧ *The Bunga Melati* 5 [2012] 4 SLR 546 at [86], citing *The Irina A* (*No* 2) [1999] 1 Lloyd's Rep 189 at 193.

诉的可能,该判决仍具有终局性。[①] 具有终局性的缺席判决同样适用,除非该判决被之后的程序所变更。[②] 对当事人在特定问题上的权利作出终局裁判的中间判决,也具有终局性。[③]

15. 判断外国法院是否享有审理案件的国际管辖权,适用新加坡法律。[④] 外国法院根据本国法律对案件享有管辖权,是无关紧要的。一般来说,如果诉讼开始时被告在原审国出现或居住,或者接受了外国法院的管辖权,那么新加坡法院将认为该外国法院享有审理案件的国际管辖权。

16. 根据普通法规则,对于自然人被告而言,仅在原审国出现,甚至是临时出现,即足以行使管辖权。[⑤] 但《英联邦判决互惠执行法》和《外国判决互惠执行法》规定,[⑥]被告的居所地须在原审国。如果判决债务人是公司,确定标准则是该公司是否通过在该外国的代理人或代表,在该国管辖权范围内的固定商业场所进行交易且超过最低的一段时间。[⑦]《外国判决互惠执行法》明确规定,符合如下条件,即可认定满足公司出现的标准:公司主营业地在原审国,[⑧]或公司

---

① *Manharlal Trikamdas Mody v Sumikin Bussan International (HK) Ltd* [2014] 3 SLR 1161 at [140]. 比照《英联邦判决互惠执行法》(Cap 264, 1985 Rev Ed) 第3(2)(E)条和《外国判决互惠执行法》(Cap 265, 2001 Rev Ed)第6(1)条。

② *Humpuss Sea Transport Pte Ltd v PT Humpuss Intermoda Transportasi TBK* [2016] 5 SLR 1322 at [77]; *Eleven Gesellschaft Zur Entwicklung Und Vermarktung Von Netzwerktechnologien MBH v Boxsentry Pte Ltd* [2014] SGHC 210 at [91] - [95].

③ *Equatorial Marine Fuel Management Services Pte Ltd v The Bunga Melati 5* [2010] SGHC 193 (High Court Registry) at [112] - [113], overruled on other grounds *The Bunga Melati 5* [2012] 4 SLR 546 (CA).

④ *Giant Light Metal Technology (Kunshan) Co Ltd v Aksa Far East Ltd* [2014] 2 SLR 545 at [25].

⑤ *United Malayan Banking Corp Bhd v Khoo Boo Hor* [1995] 3 SLR(R) 839 at [9], citing *Adams v Cape Industries plc* [1990] Ch 433. Cf *RMS Veerappa Chitty v MPL Mootappa Chitty* (1894) 2 SSLR 12.

⑥ 《英联邦判决互惠执行法》(Cap 264, 1985 Rev Ed) 第3(2)(b)条("一般"居所)和《外国判决互惠执行法》(Cap 265, 2001 Rev Ed)第5(a)(iv)条。

⑦ *William Jacks & Co (Singapore) Pte Ltd v Nelson Honey & Marketing (NZ) Ltd* [2015] SGHCR 21 at [30],引用了 Adams v Cape Industries plc [1990] Ch 433 at 530。这一标准被推定用于解释《英联邦判决互惠执行法》(Cap 264, 1985 Rev Ed)中公司的"一般"居所地的概念。Yeo Tiong Min, *Halsbury's Laws of Singapore*vol 6(2) (LexisNexis, Reissue, 2013) at para 75.173.《英联邦判决互惠执行法》第3(2)(b)条还规定了"业务开展地"作为另一管辖权的基础。

⑧ 《外国判决互惠执行法》(Cap 265, 2001 Rev Ed) 第5(2)(a)(iv)条。

在原审国设有办事处或营业地,并且诉讼涉及该办事处或营业地实施的交易。[①]

17. 接受管辖可以通过行为或者协议管辖的方式作出。如果判决债务人参与了外国诉讼,并且此种参与不可避免地涉及对管辖权异议的放弃,则构成通过自己的行为接受管辖。[②] 如果不会对被告造成不公,则可以推定被告通过自己的行为接受了法院管辖。[③] 当事人可以以协议的方式接受管辖。[④] 接受管辖的协议必须是明示的(通常是通过选择法院协议的方式),不能是默示的。[⑤]

18. 如果外国判决满足上述条件,并且不存在针对承认与执行的抗辩事由,则可以在新加坡得到承认和执行。(判决债务人)可提起的抗辩事由包括:(1)外国判决是通过欺诈手段获得的;(2)外国判决违反新加坡的公共政策;(3)外国判决违反自然公正;(4)外国判决与新加坡已有判决相矛盾;(5)外国判决与一项在先作出的并且根据新加坡法律可以得到承认的第三国判决相矛盾。下文将依次探讨这些抗辩事由。

19.《英联邦判决互惠执行法》[⑥]和《外国判决互惠执行法》[⑦]都将欺诈规定为抗辩外国判决登记的事由。普通法对外在欺诈和内在欺诈进行区分。[⑧] 外在

---

① 《外国判决互惠执行法》(Cap 265, 2001 Rev Ed) 第5(2)(a)(v)条。

② *WSG Nimbus Pte Ltd v Board of Control for Cricket in Sri Lanka* [2002] 1 SLR(R) 1088; *Giant Light Metal Technology (Kunshan) Co Ltd v Aksa Far East Ltd* [2014] 2 SLR 545;《外国判决互惠执行法》(Cap 265, 2001 Rev Ed) 第5(2)(a)(i)条和第5(2)(a)(ii)条。例如,如果被告在原审程序中提出抗辩,或提出反诉、交叉诉讼或抵销诉讼,即认为放弃对法院司法管辖权的异议:*Malaysia Marine ABD Heavy Engineering Sdn Bhd v VLK Traders Singapore Pte Ltd* [2014] 1 SLR 998 at [23]。

③ 例如,如果被告在外国法院接受了先前诉讼的管辖,该程序随后终止;虽然被告没有参与后续诉讼,但后续诉讼是前诉的继续:*Giant Light Metal Technology (Kunshan) Co Ltd v Aksa Far East Pte Ltd* [2014] 2 SLR 545。

④ 《英联邦判决互惠执行法》(Cap 264, 1985 Rev Ed) 第3(2)(c)条。《外国判决互惠执行法》(Cap 265, 2001 Rev Ed) 第5(2)(A)(3)条规定,法院管辖协议必须在外国法院诉讼程序开始之前达成。

⑤ *United Overseas Bank Ltd v Tjong Tjui Njuk* [1987] SLR(R) 275; *Sun-Line (Management) Ltd v Canpotex Shipping Services Ltd* [1985 - 1986] SLR(R) 695. 值得注意的是,英国疏密院自 *Vizcaya Partners Ltd v Picard* [2016] UKPC 5; [2016] 3 All ER 181 一案以来,即判定默示选择法院协议可以赋予外国法院国际管辖权;新加坡法院尚未对此进行过分析。

⑥ 《英联邦判决互惠执行法》(Cap 264, 1985 Rev Ed) 第3(2)(d)条。

⑦ 《外国判决互惠执行法》(Cap 265, 2001 Rev Ed) 第5(1)(a)(iv)条。

⑧ 《英联邦判决互惠执行法》(Cap 264, 1985 Rev Ed) 和《外国判决互惠执行法》(Cap 265, 2001 Rev Ed)下,相同的欺诈分类是否适用,尚不清楚,原因在于这两部制定法制定时,普通法中尚不存在这种区分。

欺诈指的是案件实体问题之外的欺诈,[①]在承认和执行阶段,判决债务人可提出存在此种欺诈的主张,即使判决债务人没有提出关于欺诈的新证据,或者是外国法院已经审查了该欺诈问题并予以驳回。[②] 此外,如果该欺诈问题本可以在初审法院提出,但当事人却没有提出,这也无关紧要。[③] 内在欺诈关涉案件的实体问题,在承认与执行阶段,判决债务人仅在如下情形下可以提出此种欺诈的主张:发现新证据,并且在原审程序中,被告即使尽了适当的注意义务也不可能发现该证据;并且新证据很可能会对外国法院判决结果产生影响。[④]

20. 依据普通法,违反公共政策的是外国判决本身,而不是外国判决所基于的诉因。[⑤]《外国判决互惠执行法》在此问题上有相同的立场。[⑥] 例如,如果一项外国判决的执行违反新加坡法院颁发的禁诉令,该外国判决的执行将违反新加坡的公共政策。[⑦] 如果一项外国判决是基于赌债作出的,也很有可能被视为违反新加坡的公共政策。[⑧] 但是,《英联邦判决互惠执行法》关注的则是外国判决所依据的诉因本身;如果外国判决依据的诉因违反公共政策,则不能获得登记。[⑨]

21. 根据英国普通法规则,传统上违反自然公正的情形包括,被告没有得到

---

① 外在欺诈的情形包括:从未向被告送达;被告虽未缺席但无人为其辩护;原告以欺诈性手段说服被告缺席并默许法院作出缺席判决;原审程序诉讼存在损害被告权益的欺诈:*Hong Pian Tee v Les Placements Germain Gauthier Inc* [2002] 1 SLR(R) 515 at [21], citing *Woodruff v McLennan* (1887) 14 OAR 242. See also *Eleven Gesellschaft Zur Entwicklung Und Vermarktung Von Netzwerktechnologien MBH v Boxsentry Pte Ltd* [2014] SGHC 210 at [101] - [103]。

② *Hong Pian Tee v Les Placements Germain Gauthier Inc* [2002] 1 SLR(R) 515,该案认为 *Abouloff v Oppenheimer & Co* (1882) 10 QBD 295 确立的规则仅限定于外在欺诈。参见 *Eleven Gesellschaft Zur Entwicklung Und Vermarktung Von Netzwerktechnologien MBH v Boxsentry Pte Ltd* [2014] SGHC 210 at [99]。

③ *Hong Pian Tee v Les Placements Germain Gauthier Inc* [2002] 1 SLR(R) 515 at [18], citing*Syal v Heyward* [1948] 2 KB 443 in the context of the *Abouloff* rule.

④ *Hong Pian Tee v Les Placements Germain Gauthier Inc* [2002] 1 SLR(R) 515; *Eleven Gesellschaft Zur Entwicklung Und Vermarktung Von Netzwerktechnologien MBH v Boxsentry Pte Ltd* [2014] SGHC 210 at [99].

⑤ Yeo Tiong Min, *Halsbury's Laws of Singapore* vol 6(2) (LexisNexis, Reissue, 2013) at para 75.211.

⑥ 《外国判决互惠执行法》(Cap 265, 2001 Rev Ed) 第5(1)(a)(v)条。

⑦ *WSG Nimbus Pte Ltd v Board of Control for Cricket in Sri Lanka* [2002] 1 SLR(R) 1088.

⑧ *Poh Soon Kiat v Desert Palace Inc* [2010] 1 SLR 1129.

⑨ 《英联邦判决互惠执行法》(Cap 264, 1985 Rev Ed)第3(2)(f)条。

外国审判程序的通知,或者没有充分机会陈述案情。① 现在,此种抗辩扩展适用于任何有违法院地“实质正义”的程序瑕疵的情形。② 新加坡法院尚未详细分析过此项抗辩事由。新加坡很可能会遵循英国普通法在这个问题上的立场,主要是因为英国法与《英联邦判决互惠执行法》和《外国判决互惠执行法》采纳的立场类似。尽管如此,在制定法确立的判决承认与执行制度中,该抗辩事由范围更窄。《英联邦判决互惠执行法》规定,如果诉讼文书没有适当送达且被告未出庭,则被告可以援引该项抗辩事由。③ 根据《外国判决互惠执行法》的规定,尽管诉讼文书已依照原审国法律进行了适当送达,但是被告未及时收到该通知或没有充足的时间进行抗辩且未出庭,则被告可以援引该项抗辩事由。④

22.《外国判决互惠执行法》规定了基于禁反言原则的抗辩事由,但《英联邦判决互惠执行法》却没有此项规定。在普通法中,新加坡法院更倾向于仅将欺诈、公共政策和违反自然公正作为承认和执行外国判决的抗辩事由。然而,毫无疑问的是,如果判决债务人在庭审中提出禁反言的抗辩,则法院会依据普通法上传统的既判力原则接受该抗辩。⑤ 普通法中,一项与本国判决相矛盾的外国判决不能得到承认。如果本国判决先于外国判决作出,则显然属于此种情形。⑥ 原则上,即使本地判决是在外国判决之后作出的,本规则也应当适用。⑦

23. 如果新加坡法院面对的是两项相互矛盾的外国判决,并且每一项判决本身都可以获得承认,那么新加坡法院很可能会优先考虑在先作出的判决。⑧ 根据《外国判决互惠执行法》新加坡法院享有裁量权,可以撤销后作出判决的登记。⑨

24.《英联邦判决互惠执行法》和《外国判决互惠执行法》规定了其他可拒

---

① *Jacobson v Frachon* (1928) 138 LT 386.

② *Adams v Cape Industries plc* [1990] Ch 433 at 564 - 568.

③ 《英联邦判决互惠执行法》(Cap 264, 1985 Rev Ed)第3(2)(c)条。

④ 《外国判决互惠执行法》(Cap 265, 2001 Rev Ed) 第5(1)(a)(iii)条。

⑤ 进一步解释参见 Yeo Tiong Min, *Halsbury's Laws of Singapore* vol 6(2) (LexisNexis, Reissue, 2013) at para 75.218 - 75.219。

⑥ ED & F Man (Sugar) Ltd v Yani Haryanto (No 2) [1991] 1 Lloyd's Rep 429. 参见《外国判决互惠执行法》(Cap 265, 2001 Rev Ed) 第5(1)(b)条。

⑦ Yeo Tiong Min, *Halsbury's Laws of Singapore* vol 6(2) (LexisNexis, Reissue, 2013) at para 75.218.

⑧ *Showlag v Mansour* [1995] 1 AC 431.

⑨ 《外国判决互惠执行法》(Cap 265, 2001 Rev Ed)第5(1)(b)条。

绝登记的事由。根据《英联邦判决互惠执行法》的规定,虽然一项判决满足所有条件,但是如果承认与执行该项判决是“不公正和不方便的”,法院仍然可以拒绝以登记方式承认与执行该外国判决。[①] 此项规定并没有赋予法院不受限制的自由裁量权;法院只有在拒绝承认与执行是“符合实际的并且为正义之需”的情况下,方可拒绝登记。[②]《外国判决互惠执行法》以通常的法律为依据,规定了额外的抗辩事由。[③] 其中值得注意的一项额外抗辩事由是,如果外国法院的诉讼程序违反当事人争议解决协议,则该外国法院不享有管辖权,除非被告接受该外国法院的管辖权。[④] 虽然《英联邦判决互惠执行法》未对判决违反争议解决协议的情形作明文规定,但法院可能会以违反“公正和方便”为由拒绝执行。[⑤] 至于普通法中是否存在此项抗辩,新加坡法院尚未对此问题作出分析。[⑥]

25. 新加坡法院不对外国判决中的实体问题进行审查。外国法院判决出现法律或事实错误并不是有效的抗辩事由。[⑦] 如果一项外国判决的部分内容有争议,而其余的部分不存在争议,那么,可将存在争议的部分判决分割出来,执行不存在争议的部分,其前提是可以明确地确定和分割判决的不同部分。[⑧]

ii. 对物判决

26. 在民商事案件中,外国的对物判决通常指,宣告对物的所有权或占有权的判决,或判令出售某物以满足对该物提出的索赔要求的判决。[⑨] 识别外国判

---

① 《英联邦判决互惠执行法》(Cap 264, 1985 Rev Ed)第3(1)条。

② *Yong Tet Miaw v MBF Finance Bhd* [1992] 2 SLR(R) 549 at [31], adopting *Edwards & Co v Picard* [1909] 2 KB 903 at 907. 参见 *Westacre Investments Inc v The State-Owned Company Yugoimport SDPR* [2009] 2 SLR(R) 166 和 *Global Distressed Alpha Fund I Ltd Partnership v PT Bakrie Investindo* [2013] 2 SLR 228。

③ 例如,第4(6)条规定,如果外国判决项下的债务得到了部分清偿,则仅余额部分可以获得登记;第5(1)(a)(vi)条规定,提及登记的人不享有判决项下的权利;第5(3)(c)条规定,依据国际公法规则判决债务人享有豁免权。

④ 《外国判决互惠执行法》(Cap 265, 2001 Rev Ed) 第5(3)(b)条。

⑤ Yeo Tiong Min, *Halsbury's Laws of Singapore* Vol 6(2) (LexisNexis, Reissue, 2013) at para 75.236.

⑥ 《英国民事管辖和判决法》第32条第1982(C 27)条规定了此项抗辩。

⑦ *Ralli v Anguilla* (1917) 15 SSLR 33.

⑧ *Alberto Justo Rodriguez Licea v Curacao Drydock Inc* [2015] 4 SLR 172 at [28]; *Yong Tet Miaw v MBF Finance Bhd* [1992] 2 SLR(R) 549 at [29];《外国判决互惠执行法》(Cap 265, 2001 Rev Ed) 第4(7)条。

⑨ L Collins *et al*, *Dicey, Morris and Collins on the Conflict of Laws* (Sweet & Maxwell, 15th Ed, 2012) at para 14-109.

决的性质适用法院地法。在确定外国判决的性质时,新加坡法院将考量判决的实质内容及其对当事人的预期效力等因素;原审国法律是否承认对物判决和对人判决的概念区分,则无关紧要。[①] 一项外国判决可能同时包含对物和对人判决的内容。

27. 根据普通法,如果诉讼进行时,作为诉讼标的物的财产在外国法院管辖范围内,则该外国对物判决可以在新加坡得到承认。[②]《外国判决互惠执行法》采用了同样的规则。[③] 但是《英联邦判决互惠执行法》并未提及外国对物判决。[④]

28. 一般而言,外国对人判决和对物判决的承认与执行适用相同的抗辩事由。[⑤] 然而,欺诈会导致外国判决被拒绝承认与执行,但是并不影响依据对物判决支付了相应价款而取得所有权的善意第三人。[⑥]

C. 2016 年《选择法院协议法》第三章

29.《选择法院协议法》以立法的方式,将 2005 年 6 月 30 日海牙《选择法院协议公约》转化为新加坡法律。该公约于 2016 年 10 月 1 日正式生效。迄今为止,《选择法院协议公约》已经在墨西哥和欧盟(不包括丹麦)之间生效。美国和乌克兰签署了该公约但尚未批准。最近,中国和黑山共和国也签署了该公约。

30. 除了一些排除性事项之外,[⑦]如果缔约国法院为民商事案件中排他性选择法院协议所指定的法院,并且该选择法院协议是在《选择法院协议公约》在该缔约国生效后达成的,则《选择法院协议法》第三章适用于该缔约国法院作出的判决。《选择法院协议法》明确规定,不适用于任何临时保护措施。[⑧]

31.《英联邦判决互惠执行法》和《外国判决互惠执行法》,不适用于可以依

---

① *Murakami Takako v Wiryadi Louise Maria* [2007] 4 SLR(R) 565 at [30]; *The Republic of Philippines v Maler Foundation* [2014] 1 SLR 1389 at [64].

② *Murakami Takako v Wiryadi Louise Maria* [2007] 4 SLR(R) 565 at [30].

③ *The Republic of Philippines v Maler Foundation* [2014] 1 SLR 1389 at [66].

④ 《外国判决互惠执行法》(Cap 265, 2001 Rev Ed) 第 5(2)(b)条。

⑤ Yeo Tiong Min, *Halsbury's Laws of Singapore* vol 6(2) (LexisNexis, Reissue, 2013) at para 75.245.

⑥ *Payna Chettiar v Maimoon bte Ismail* [1997] 1 SLR(R) 738 at [13].

⑦ 《选择法院协议法》(2016 第 14 号法)第 9 条。

⑧ 《选择法院协议法》(2016 第 14 号法)第 10 条。

据《选择法院协议法》进行承认和执行的外国判决。[①] 虽然判决债权人可以依据普通法，而不是《选择法院协议法》寻求判决的执行，但后者规定的程序更简单。外国判决只要满足《选择法院协议法》规定的要件，即可以与新加坡判决一样得到承认，或者承认和执行。[②] 此外，《选择法院协议法》并未规定外国判决登记的时效限制；尽管如此，对外国判决承认而言，该判决必须在原审国仍然有效；对外国判决执行而言，该判决必须在原审国具有执行力。[③]

32.《选择法院协议法》第三章的基本原则是，除非存在特定的抗辩事由，协议选择的法院所作判决必须得到承认和执行。[④] 该原则的前提是，外国判决在协议选择法院所在国也可以得到承认和执行。[⑤] 该法禁止新加坡法院对外国判决的实体问题进行审查；同时，新加坡法院受被选择法院确立管辖权所依据的事实的约束，除非此项判决是缺席判决。[⑥]

33.《选择法院协议法》规定的抗辩事由与普通法中的抗辩事由相类似。《选择法院协议法》规定了必须拒绝承认或执行外国判决的 3 项事由。第一项事由是，外国判决违反自然公正。这一原则在该法中规定为，原审中被告没有得到适当通知无法进行答辩，除非原审国法律允许对开庭通知提出异议，但被告出庭并陈述案情且未对通知提出异议。[⑦] 第二项事由是，外国判决是以欺诈的方式获得的，且该欺诈关涉程序性事项。[⑧] 第三项事由是，承认或执行外国判决明显违反新加坡的公共政策。[⑨] 这包含外国诉讼程序违反新加坡程序公正基本原则的情形。[⑩]

34. 此外，《选择法院协议法》规定了新加坡法院可以自由裁量拒绝承认和执行外国判决的情形。如果外国判决所依据的排他性选择法院协议，根据被选

---

① 《英联邦判决互惠执行法》(Cap 264, 1985 Rev Ed)第 2A 条；《外国判决互惠执行法》(Cap 265, 2001 Rev Ed)第 2A 条。

② 《选择法院协议法》(2016 第 14 号法)第 13(1)条。

③ 《选择法院协议法》(2016 第 14 号法)第 13(2)条。

④ 《选择法院协议法》(2016 第 14 号法)第 13(4)条。

⑤ 《选择法院协议法》(2016 第 14 号法)第 13(2)条。

⑥ 《选择法院协议法》(2016 第 14 号法)第 13(3)条。

⑦ 《选择法院协议法》(2016 第 14 号法)第 14(a)条。

⑧ 《选择法院协议法》(2016 第 14 号法)第 14(b)条。

⑨ 《选择法院协议法》(2016 第 14 号法)第 14(c)条。

⑩ 《选择法院协议法》(2016 第 14 号法)第 14(c)条。

法院所在国的法律无效,则该外国判决可以被拒绝承认或执行。① 新加坡法院受被选择法院认定协议有效所依据的事实的约束。② 这与判决承认与执行的普通法规则、《英联邦判决互惠执行法》和《外国判决互惠执行法》的规则不同,在这3项制度中,外国法院是否具有国际管辖权,适用新加坡国际私法规则确定。

35. 拒绝承认与执行也可以基于如下事实:根据新加坡法律,排他性选择法院协议的一方没有缔约能力;③或者,原审诉讼通知被告的方式不符合新加坡关于文书送达的基本原则。④ 基于既判力的抗辩与普通法中的规则一致。如果外国判决与新加坡判决相矛盾,则新加坡判决优先;⑤如果两项外国判决互相矛盾,并且依据新加坡法律每一项判决都可以得到承认,则在先作出的判决优先。⑥

36.《选择法院协议法》明确规定,新加坡法院可拒绝执行惩罚性损害赔偿判决。⑦ 该法还规定,如外国判决是可分的,只有符合《选择法院协议法》规定的那一部分方可得到承认和执行。⑧

37.《选择法院协议法》也适用于外国非金钱判决的执行。⑨ 在这一点上,《选择法院协议法》与新加坡承认与执行外国判决的其他制度中的规则不同。

---

① 《选择法院协议法》(2016 第 14 号法)第 15(1)(a)条。此处的"法律"包括被选择法院所在国的冲突法规则:Trevor Hartley & Masato Dogauchi, *Explanatory Report on the* 2005 *Hague Choice of Court Agreement Convention* (2013) at p 69, fn 219 https://www. hcch. net/en/instruments/conventions/publications1/? dtid = 3&cid = 98,最后访问日期:2017 年 8 月 15 日。

② 《选择法院协议法》(2016 第 14 号法)第 15(1)(a)条。

③ 《选择法院协议法》(2016 第 14 号法)第 15(1)(b)条。此处的"法律"包括新加坡的冲突法规则:Trevor Hartley & Masato Dogauchi, *Explanatory Report on the* 2005 *Hague Choice of Court Agreement Convention* (2013) at p 69, fn 219 https://www. hcch. net/en/instruments/conventions/publications1/? dtid = 3&cid = 98,最后访问日期:2017 年 8 月 15 日。

④ 《选择法院协议法》(2016 第 14 号法)第 15(1)(c)条。

⑤ 《选择法院协议法》(2016 第 14 号法)第 15(1)(d)条。

⑥ 《选择法院协议法》(2016 第 14 号法)第 15(1)(e)条。

⑦ 《选择法院协议法》(2016 第 14 号法)第 16 条。

⑧ 《选择法院协议法》(2016 第 14 号法)第 19 条。

⑨ 《选择法院协议法》(2016 第 14 号法)第 2(1)条。

国别报告

韩　国

报告人：Kwang Hyun Suk 博士*
首尔大学法学院教授

A. 导言

1. 本报告详细梳理韩国关于承认和执行外国法院判决的法律规则。承认和执行外国法院判决受《民事诉讼法》①与《民事执行法》②这两部法律相关条款的约束。《民事诉讼法》第 217 条及第 271bis 条、《民事执行法》第 26 条与第 27 条分别对承认和执行外国法院判决作出规定，其理论基础是：为经由外国判决实现的争议解决提供终局性，防止相同当事人之间产生相互冲突的法律关系。

2. 韩国尚未加入任何关于承认和执行外国法院判决的双边与多边国际条约。③ 与此相应，关于外国法院

---

* 本报告以报告人就同一主题早前发表的论文为基础："Recognition and Enforcement of Foreign Judgment in the Republic of Korea"(2013/2014) 15 *Yearbook of Private International Law* 421。不过，为反映司法判例及立法的新进展，本报告在该论文发表后又做了更新。本报告人对 Messers Jong Hyeok Lee 与 Ju Ung Park 为本报告的准备提供的协助表示感谢。

① Act No 12882, 30 December 2014.

② Act No 13286, 18 May 2015.

③ 韩国已经与澳大利亚、中国、蒙古、乌兹别克斯坦和泰国订立了关于民商事司法协助的双边条约，涵盖司法文书的域外送达与取证：《大韩民国和澳大利亚关于民事和商事司法协助的条约》《大韩民

判决承认和执行的事项应适用《民事诉讼法》与《民事执行法》的相关条款。①

3. 此外，从目前的情况看，韩国近期尚无加入2005年6月30日海牙《选择法院协议公约》的意向。

B. 承认和执行外国法院判决的条件

4. 依据《民事执行法》第26条与第27条规定，原告须在韩国法院得到一项"执行判决"（*exequatur*），所涉及的外国判决才能得到执行。依据《民事诉讼法》第217条规定，要获得这样一份执行判决，须满足以下条件：

（a）判决必须是终局的、结论性的、不再适用普通再审程序；

（b）外国法院须拥有审理所涉案件的国际管辖权；

（c）败诉的被告应依据法律规定的方式被提前送达起诉状、传票与命令，以确保他有足够的时间准备答辩；

（d）承认判决不得违反韩国的公共政策；以及

（e）韩国与外国法院所属的外国之间存在互惠保证。

5. 原则上，在决定是否承认和执行外国法院判决时，韩国法院不得对该判决进行实质审查。韩国法院仅会在为确定承认和执行外国法院判决的条件是否得到满足的必要限度内，对案件的实体问题进行审查。例如，为确定一项美国法院作出的惩罚性判决是否违反韩国公共政策，韩国法院对案件的实体问题进行审查。②

6. 韩国的民事程序法不区分对人判决与对物判决。原则上，一项外国判决，只要完全符合《民事诉讼法》与《民事执行法》规定的条件即可被承认和执行，无论它是对人判决，还是对物判决。不过，对于韩国法院而言，执行程序中的当事方必须是人，而非物——如不满足这一条件，对物判决不会得到承认或执行。承认和执行对物判决并无其他附加条件，如所涉的物须位于外国法院所在的法域。

国和中华人民共和国关于民事和商事司法协助的条约》《大韩民国和蒙古国关于民事和商事司法协助的条约》《大韩民国和乌兹别克斯坦关于民事和商事司法协助的条约》《大韩民国和泰王国关于民事和商事司法协助的条约》。

① 最高法院的判决具有很强的判例价值，其判决对于再审的特定案件具有约束力。对于其他案件而言，低级别的法院通常会遵循最高法院的判例，因为如果偏离之，它们作出的判决在上诉程序中很有可能被推翻。

② 2007Gahap1076（Pyeongtaek Branch of the Suwon District Court）（24 April 2009）.

7.《民事执行法》关于承认外国法院判决的所有条件均事关韩国的国家利益与所涉当事人的个人利益,韩国法院故应依职权审查这些条件是否得到满足。①

i. 外国判决的终局性

8. 一份外国判决,如要在韩国得到承认和执行,它必须是终审的、结论性的,且不再适用普通再审程序。

9. "判决"是指司法机构作出的关于私人当事方之间民事与商事法律关系的司法决定。为具有可执行性,判决须由有管辖权的适当的外国司法机构作出、诉讼过程必须确保当事人之间有交叉询问、案件的内容必须适于强制性履行(如包含具体的合同义务)。判决的名称、形式等并不重要。

10. 如果一项外国判决尚处于该国高一级别法院的上诉程序中,或者还在上诉期间内,则韩国法院必须拒绝承认和执行。非终局性的判决还包括临时措施,如临时扣押或临时禁令等。

11. 终局性的外国判决,②无论是金钱给付判决③还是非金钱给付判决,包括宣告性命令、实际履行命令或永久性禁令(不包括初步禁令),只要满足了承认的条件,在韩国就能够得到承认和执行。韩国法院不承认和执行外国法院针对韩国领土内的资产作出的资产冻结令(在一些普通法国家被称为"马瑞瓦禁令"),只要这些命令是临时措施。④ 这一点颇具争议性。

12. 韩国最高法院认为,依据《加利福尼亚州民事程序规则》作出的认诺判决⑤不构成在韩国具有可执行性的外国判决,因为此类判决不能被视为法院判决,且不能保证当事人在诉讼程序中有交叉询问的机会。⑥ 不过,最高法院认

---

① "依职权"要求韩国法院主动审查外国判决是否满足承认和执行的条件,无须当事人对此提出申请。

② 缺席判决也可以被视为终局性的。See Kwang Hyun Suk, *International Civil Procedure Law* (Korea: Pakyoungsa, 2012) at p 350(韩语写作).

③ 关于赔偿性判决的评论参见本报告第46段至第51段。金钱判决的利息可以在韩国得到承认和执行,如果利息在判决中被阐明为可支付的或者依据与判决有关的法律是被清楚允许的:Kwang Hyun Suk, *International Civil Procedure Law*(Korea: Pakyoungsa, 2012) at p 352。

④ Kwang Hyun Suk, *International Civil Procedure Law*(Korea: Pakyoungsa, 2012) at p 30.

⑤ 认诺判决是指"在诉请的数额到期且未支付的情况下,债务人认可诉讼请求并同意一般无须通知或庭审而作出判决":"Confession of Judgment", Merrian-Webster. com at http: merrian-webster. com/leel/confession of judgment,最后访问日期:2017年6月13日。

⑥ 2009Da68910(29 April 2010).

为,因美国破产程序中重组计划获得法院批准而产生的履行义务可以在韩国得到认可,只要其满足承认外国判决的条件。[①] 本报告人对韩国最高法院的后一立场持批评态度,这是因为:(a)承认外国破产程序并非自动启动,韩国法院须依韩国《债务人重组与破产法》[②]作出决定,而该韩国法是以 1997 年联合国贸法会《关于跨境破产的示范法》为模板制定的;(b)在后一种情况下,美国法院启动破产程序的决定还没有得到韩国承认,而该决定显然早于重组计划的批准。

ii. 外国法院的管辖权

a. 管辖权条件的适用

13. 如果外国法院没有审理案件的管辖权,韩国法院必须拒绝和承认该外国判决。韩国法院确定外国法院的管辖权,依据的是韩国法律规则。这是因为韩国《民事诉讼法》第 217 条第 1 款明确规定,外国法院必须依据韩国法或国际条约规定的国际管辖权原则拥有国际管辖权。此处,"韩国法"是指《韩国国际私法》[③]第 2 条以及韩国法律关于国际管辖权的规则,[④]而"国际条约"是指韩国作为缔约国的国际条约,如关于国际航空运输的 1995 年《华沙公约海牙议定书》[⑤]与 1999 年《蒙特利尔公约》。[⑥] 换言之,如果依韩国法院对一个类似跨境案件确定其拥有管辖权(直接管辖权)的相同标准,作出判决的外国法院具有国际管辖权(间接管辖权),韩国法院才会执行该外国判决。

14. 2014 年 6 月韩国司法部组建了一个专家委员会负责起草韩国《国际私

---

① 2009Ma1600(25 March 2010).

② Act No 14476, 27 December 2016.

③ Act No 13759, 19 January 2016.

④ 《民事诉讼法》(Act No 12882,30 December 2014)("CPA")包含了一个在韩国国内不同法院之间分配司法权的地域管辖条款(国内管辖权条款):Arts2 - 25 and 29 - 31。不过,《民事诉讼法》没有对韩国法院的国际管辖权制定特别条款。国际管辖权的基本原则由既往的司法判例所形成。2001 年修订的《国际私法》(Act No 13759, 19 January 2016)包含了关于国际管辖权的 3 个条款。第 2 条规定了国际管辖权的基本原则并指出,关于国际管辖权的具体规定须参考《民事诉讼法》的地域管辖条款。因此,《国际私法》第 2 条要求法官考虑国际管辖权的特点确定具体的国际管辖权规则,而非机械地推定国际管辖权规则等同于《民事诉讼法》的地域管辖条款。此外,第 27 条与第 28 条规定了关于保护消费者和雇员的特别国际管辖权规则。

⑤ Protocol to Amend the Convention for the Unification of Certain Rules Relating to International Carriage by Air(signed at Warsaw on 12 October 1929; done at The Hague on 29 December 1955).

⑥ Convention for the Unification of Certain Rules Relating to International Carriage by Air (Montreal, 28 May 1999).

法》修正案(该委员会的任期到2015年12月31日止)。[①] 然而,直到2017年6月12日,《国际私法》修正案的官方版本依然没有被公布。目前,韩国司法部正在做履行程序的最后工作,计划在2017年内走完所有程序,并公布官方版本。(韩国司法部于2018年11月23日将《国际私法》修正案法案提交国会,目前国会仍在讨论该法案。——译者注)鉴于此,本报告人认为,《国际私法》修正案将于2018年年末或最迟于2019年生效实施,其关于国际管辖权的规定会更加具体、成熟。本报告所援引的《韩国国际私法》修正案是韩国司法部于2017年6月准备的草案。本版目前尚未被官方公布,未来还会有进一步修改。

b. 确定管辖权的具体标准

15. 下文论及《民事诉讼法》关于韩国法院处理跨境诉讼时确定管辖权事项所适用的具体标准。

Ⅰ. 被告的住所

16. 《民事诉讼法》规定,诉讼由被告住所地(自然人)或主营业地(法人)的法院管辖。[②] 一般认为,"原告就被告原则"(*actor sequitur forum rei*)也适用于国际管辖权。[③]

17. 专家委员会同意,《国际私法》修正案应有一个条款明示规定原告就被告原则。

Ⅱ. 分支机构所在地

18. 《民事诉讼法》第12条是关于地域管辖的规定,依照此条,以人(包括自然人与法人)为被告的诉讼,如果被告在韩国有办公场所或营业所,只有在该诉讼涉及该办公场所或营业所的业务时,才能诉至该所在地的韩国法院。一般认为,这一规则也适用于国际管辖权。[④] 不过,《民事诉讼法》同时规定,对于外国法人而言,管辖权基础一般是其在韩国的办公场所或营业所。[⑤] 至于在韩办公场所或营业所是否与所涉外国公司的特定诉讼有关联,则并不重要。尽管该法第5(2)条与第12条的关系并不清楚,韩国法院倾向于在确定国际管辖权时适

① 本报告人是专家委员会委员。

② Civil Procedure Act (Act No 12882, 30 December 2014) Arts 2 – 3 and 5.

③ Kwang Hyun Suk, *International Civil Procedure Law* (Korea: Pakyoungsa, 2012) at p 91.

④ Kwang Hyun Suk, *International Civil Procedure Law* (Korea: Pakyoungsa, 2012) at p 108.

⑤ Civil Procedure Act (Act No 12882, 30 December 2014) Arts 5(2).

用第5条,这一点颇具争议性。[①] 因此,如果外国法人在韩国建立了办公场所或营业所,那么,无论特定的诉因是否与其在韩国分支部门的业务有关,韩国法院一般均具有管辖权。然而,最高法院是否继续坚持这一观点并不明朗,因为在2010年的一个类似案件中,它并没有这么做。[②]

19. 委员会同意,《韩国国际私法》修正案应制定如下这样一个条款:

> 对于在韩国设有办公场所或营业所的人,如诉讼与该办公场所或营业所有关,则可以在韩国起诉之。

Ⅲ. 以被告行为为基础的管辖权

20. 目前,就国际管辖权而言,还没有以此为标题的条款。不过,委员会认为,《国际私法》修正案应制定这样一个条款,具体如下:

> 如被告在韩国境内或针对韩国进行持续、系统性的商业或经营活动,只要纠纷与这一商业或经营活动有关,即可在韩国对其提起诉讼。

21. 上述条款受1999年《关于民事和商事管辖权和外国判决公约》[③](草案)和《日本民事诉讼法典》的影响。[④]

Ⅳ. 履行地

22.《民事诉讼法》第8条规定,关于财产权的诉讼可以在居住地或履行地的法院起诉。1972年在一个涉及给付合同之债的案件中,最高法院认为,该法第8条可以作为国际管辖权的基础。[⑤] 尽管该法第8条似未限定于合同义务的

---

① 98Da35037(Supreme Court)(9 June 2000).

② 2010Da18344(15 July 2010).

③ 参见《关于民事和商事管辖权和外国判决公约》(草案)第9条。公约草案的文本与报告可访问:http://www.hcch.net/en/publications-and-studies/details4/? pid = 349&dtid = 35,最后访问日期:2017年6月。

④ 《民事诉讼法典》(1996年6月26日第109号法律)(日本)第3~3(v)条。该条规定:"针对在日本从事营业活动的人的诉讼{包括外国公司[外国公司的定义由《公司法》(2005年第86号法律)规定]},如其在日本进行持续性的交易。"《日本民事诉讼法典》非官方英文译本摘自日本法律翻译数据库:http://www.japaneselawtranslation.go.jp/law/detail/? =2834&vm = 04&re = 02&new = 1,最后访问日期:2017年8月。

⑤ 72Da248(20 April 1972).

履行,但有影响力的观点认为,①这一规定不应适用于非合同之债。当前,最高法院是否会坚持1972年的立场尚不清楚,因为在近期的一个案件中,最高法院的立场稍有变化:应通过综合性考虑与国际管辖权相关的各种因素确定之,包括程序的公平与效率,而非简单援引地域管辖条款。②

23. 依据《国际私法》修正案规定,关于供货的事项,如果供货地在韩国,或关于提供服务的事项,如服务地在韩国,则韩国法院拥有国际管辖权。这表明合同履行地仅在非常有限的情况下才能构成国际管辖权的基础之一。由此,合同履行地是否能继续构成国际管辖权的一个标题,还不能得出定论。

V. 侵权地

24. 依据《民事诉讼法》第18条规定,侵权之诉可以在侵权行为发生地的法院提起。一般认为,该法第18条也适用于国际管辖权事项的确定。③ 如侵权行为发生地与损害结果发生地不一致,两地均可构成同一侵权案件的管辖权基础。④ 不过,本报告人认为,这些地点应从国际管辖权的角度予以理性决定,尤其是在产品责任案件中,应考虑被告的合理可预见性。最高法院在审理产品责任案件中明确支持了这一观点。⑤

25. 委员会认为,与《布鲁塞尔条例Ⅰ》(修正后的新条例)、⑥《关于民事和商事管辖权和外国判决公约》(草案)⑦和《日本民事诉讼法典》⑧一致,《国际私法》修正案也应包括这样一个条款。正如欧洲法院"谢维尔"案确定的"马赛克规则"并没有被考虑,⑨也不会有关于特殊侵权如产品责任或诽谤的单独规定。

---

① Kwang Hyun Suk, *International Civil Procedure Law*(Korea: Pakyoungsa, 2012)at p 92.

② 2006Da719915(29 May 2006).

③ Kwang Hyun Suk, *International Civil Procedure Law*(Korea: Pakyoungsa, 2012)at p 105.

④ 82Daka1533(Supreme Court)(22 March 1983).

⑤ 93Da39607(21 November 1995).该判决显然受到美国最高法院判例中出现的"合理可预见性"与"有意接受"理念的影响[*World-Wide Volkswagen corp v Woodson* 444US 286(1980) and *Ashi Metal Industry Co v Superior Court* 480 US 102(1987)]。

⑥ Regulation (EU) No 1215/2012 of the European Parliament and of the Council of 12 December 2012 on jurisdiction and the recognition and enforcement of judgments in civil and commercial matters, Art7(2).

⑦ Preliminary Draft Convention on Jurisdiction and Foreign Judgments in Civil and Commercial Matters (Preliminary Document No 11 of August 2000) Art 10.

⑧ (law No 109 of 26 June 1996) Art 3 -3(8).

⑨ *Shevill v Press Alliance* C -68/93; ECLI:EU:C:1995:61.

Ⅵ. 财产所在地

26. 依据《民事诉讼法》第 11 条规定,对人提起的关于财产权的诉讼,如被告在韩国没有住所,可以在标的物所在地、担保物所在地或可供扣押的任何财产所在地的韩国法院起诉。这一规定似乎仅以特定的标的物或财产所在地为管辖权基础。韩国最高法院于 1988 年承认,该法第 11 条可以适用于国际管辖权。① 不过,本报告人认为,该条款仅在被告在韩国拥有财产持续了一定时间(足够建立起与韩国一些真实联系的必要时间)以及其价值足以涵盖原告的诉讼标的额时,才应予适用。在 2014 年的一个案件中,最高法院似乎偏离了它先前的做法,即综合考虑关于国际管辖权的各种因素,而非仅看财产所在地就主张国际管辖权(最高法院现在的立场似乎与主流观点相一致)。

27. 关于财产权的诉讼,如其与该财产无关,财产所在地是否能够构成国际管辖权的基础,对此问题,委员会多有讨论。结论为:如果财产可以成为扣押的标的,则财产所在地可以构成涉及财产权诉讼的国际管辖权的基础,除非财产的价值明显很小或与韩国没有任何联系,或仅与案件有微小联系。

Ⅶ. 管辖权协议

28. 当事人关于国际管辖权的协议在实践中具有非常重要的地位。尽管《民事诉讼法》没有就当事人关于国际管辖权的协议的效力作出任何明确规定,韩国法院通常认可此类协议的效力,并赋予其效力。② 与此相应,如果外国判决违反了争议解决协议,韩国法院会以该外国法院没有管辖权为由拒绝承认和执行之。最高法院于 1977 年指出:赋予外国法院排他性管辖权的协议只有在满足以下条件时方为有效:

(a)案件不属于韩国法院的专属管辖;③

(b)被选择的法院依据其法律拥有国际管辖权;

(c)案件与选择的外国法院拥有合理的关系;以及

(d)管辖权协议无明显的不合理或不公平。④ 尽管上述条件(c)备受诟

① 87Daka1778(25 October 1988).

② Eg., 91Da14994(Supreme Court)(21 January 1992) and 96 Da20093(9 September 1997).

③ See parasite33 – 34 below.

④ 96Da20093 (9 September 1997).

病,[①]最高法院依然坚持其立场。[②]

29. 关于以上述条件(c),委员会认为,不应遵循最高法院的立场。此外,考虑到海牙《选择法院协议公约》已经生效,委员会决定为《国际私法》修正案制定以下条款:

> 如存在排他性选择外国法院协议,韩国法院应驳回起诉,除非:(i)协议依被选法院地法(包括法律选择规则)是无效的;(ii)一方当事人没有缔约能力;(iii)赋予该协议以效力会明显违反韩国的公共政策;或(iv)被选择的法院已作出不受理案件的决定或存在协议无法得到适当履行的某种情况。

Ⅷ. 出庭

30. 即便韩国法院对某人原本没有管辖权,但如他在韩国法院出庭并进行实体答辩,没有提出管辖权抗辩,韩国法院将对其行使国际管辖权,因为可视为他已同意接受韩国法院的国际管辖权。[③]

Ⅸ. 保护在社会经济方面处于弱势的当事人

31. 以《布鲁塞尔公约》[④]与《关于民事和商事管辖权和外国判决公约》(草案)[⑤]为范本,《国际私法》对消极消费者合同与个人劳动合同[⑥]分别制定了特别条款。简言之,在消费者合同与个人劳务合同中,消费者的经常居所地与雇员的经常劳动地分别是确定国际管辖权的基础。

Ⅹ. 关联管辖权

32.《民事诉讼法》包含一个条款,依照此条,针对数个当事人或涉及数个诉讼请求的诉讼可以在对其中一个被告或对其中一个诉讼请求有管辖权的法院

---

① Kwang Hyun Suk, *International Civil Procedure Law*(Korea: Pakyoungsa, 2012) at pp 120 - 21.

② Eg., 2010Da28185(26 August 2010).

③ Civil Procedure Act (Act No 12882, 30 December 2014) Art 30.

④ Convention 27 September 1968 on jurisdiction and the enforcement of judgments in civil and commercial matters, Art 13 - 15.

⑤ Preliminary Draft Convention on Jurisdiction and Foreign Judgments in Civil and Commercial Matters (Preliminary Document No 11 of August 2000) Art 7 and 8.

⑥ Private International Law (Act No 13759, 19 January 2016) Arts 27 - 28.

提起诉讼。[1] 一些学者认为,[2]该条款既可以适用于国内诉讼,也可以适用于跨境诉讼。

Ⅺ. 专属国际管辖权

33.《民事诉讼法》没有关于韩国法院专属国际管辖权的条款。不过,学者认为,在以下案件中,韩国法院拥有专属国际管辖权:

(a)涉及韩国境内不动产物权的诉讼;

(b)涉及公司章程的效力、公司不存在、解散或其组织决定的效力的诉讼,如果公司系依韩国法成立;

(c)涉及公共登记项效力的诉讼,如果登记在韩国;

(d)涉及专利、商标或其他需要注册的类似权利的登记或其效力的诉讼,如果已在韩国申请注册。[3] 这与《布鲁塞尔条例Ⅰ》关于专属管辖的规定极其类似。[4] 因此,如果外国判决涉及属于韩国法院专属管辖权的范围,则会因其缺少国际管辖权而不会被韩国法院承认和执行。

34. 尽管委员会没有解决关于专属管辖权的条款是应分散在各章中,还是应集中规定在第一章中的问题,但《国际私法》修正案应包含关于专属管辖权的规定,则无疑义。

Ⅻ. 非方便法院原则

35. 韩国学者对于以下这个问题有不同立场:如韩国法院依据《国际私法》设定的标准具有国际管辖权,在这种情况下,是否可以依据非方便法院原则拒绝行使国际管辖权?过去,韩国法官拥有一些灵活处置的空间,即他们可以依据以日本法院先例为模板建立的“特别情况理论”处理之。依据该理论,法院可以依据具体情况否认国际管辖权的存在,即便依据《民事诉讼法》关于属地管辖

---

① Civil Procedure Act (Act No 12882, 30 December 2014) Art 25.

② Kwang Hyun Suk, *International Civil Procedure Law*(Korea: Pakyoungsa, 2012) at p 134.

③ 关于d项,曾发生如下纠纷,其是否属于日本的专属管辖权引发讨论(最高法院)(2011年4月28日):韩国原告要求日本被告依据两者的合同,将在日本注册的专利权转让给他并在韩国注册。尽管最高法院承认,关于专利权效力或存在的诉讼标的属于注册国的专属管辖权,但它认为,本纠纷并不属于日本的专属管辖权,因为本纠纷的主要问题是合同的解释以及当事人的合同权利与义务纠纷。该判决得到韩国学者的欢迎。参见 Ju San Kim:“Recognition and Enforcement of Foreign Judgments” (1975) 6 SABEOPNONJIP 485 and In Jae Lee,“Agreement on International Jurisdiction”(1989)20 Sabeononjip 646。

④ Council Regulation (EC) No 44/2001 of 22 December 2000 on jurisdiction and the recognition and enforcement of judgments in civil and commercial matters, Art 22.

条款的规定,这种管辖权似应存在。①

36. 委员会决定,《国际私法》修正案应该包含一个对非方便法院原则予以明示认可的条款。目的在于给予韩国法院一定的自由裁量权,使其在个案中可以依据案件的整体情况决定是否行使国际管辖权。因此,如果作出判决的外国法院依据韩国国际私法规则拥有间接管辖权,但在韩国法院会依据非方便法院原则拒绝管辖该案的情况下,本报告人认为,韩国法院有可能承认这一外国判决,因为该外国法院拥有国际管辖权。

iii. 合法、及时的送达

37.《民事诉讼法》第217(1)(b)条规定如下:

败诉的被告应依据法律规定的方式(而非公告通知或类似方法)被提前送达起诉状(或同等文件)、传票与任何命令,以确保他有足够的时间准备答辩,或者没有被送达的被告已经对诉讼予以应诉。

38. 送达是否合法,应当以相关的外国法为基础予以判断,因为送达原则上属于程序问题,但送达须以不侵犯韩国主权为条件。②

iv. 互惠的存在

39. 依据韩国《民事诉讼法》第217(1)(d)条规定,承认和执行外国判决的条件之一是韩国与相关外国之间存在互惠关系。如果作出判决的外法域法院不或不会承认和执行一项由韩国法院作出的类似判决,则韩国法院必须拒绝承认和执行该外法域法院作出的判决。互惠并非必须以条约或公约为保障,法律法规、习惯法、司法判例或惯例均足以支撑互惠关系的存在。有得到互惠待遇的预期即已足矣,即便给予韩国法院判决互惠的实际案例尚不存在。与此相反,仅存在规定互惠待遇的外国法律或法规,但这种互惠并未在实践中得到实施,则不足以支撑互惠关系。③

40. 如果外国法院承认韩国判决的条件与《民事诉讼法》规定的条件类似,那么,互惠关系的条件即得以满足。④ 1971年最高法院在承认和执行美国内华达州法院作出的一项离婚判决中指出,如果相关外国法院在相同或比韩国更加

① Kwang Hyun Suk, *International Civil Procedure Law*(Korea: Pakyoungsa, 2012) at p 74.

② 如果送达没有依据韩国法律或韩国为缔约国的国际条约的规定,在韩国进行的送达会被视为侵犯韩国的主权。

③ Kwang Hyun Suk, *International Civil Procedure Law*(Korea: Pakyoungsa, 2012) at pp 397 - 398.

④ Kwang Hyun Suk, *International Civil Procedure Law*(Korea: Pakyoungsa, 2012) at p 399.

宽松的条件下会承认韩国法院判决,才能确定存在互惠关系。① 不过,最高法院在2004年改变了立场,现在,它采取了上述更加自由的立场。② 经2004年修订的《民事诉讼法》第217(1)(d)条明确采用了更加自由的方法。

41. 互惠关系是否存在系通过比较韩国与外国承认相同类别的外国判决的条件来加以确定。与此相应,外国法院已经承认一项非金钱判决(如离婚判决)的事实并不足以证明韩国与外国在金钱判决方面存在互惠关系。最高法院在2004年的判决中阐明了上述立场,即在比较两个国家承认和执行外国判决的条件时,其焦点是同类判决。

42. 至于本报告所涉及的国家或地区(东盟国家、澳大利亚、中国、印度与日本),韩国法院已经认定,韩国与日本、中国内地与香港特别行政区至少在金钱判决领域已经存在互惠关系。③

43. 另外,最高法院在确定是否承认和执行澳大利亚新南威尔士州法院作出的损害赔偿判决时,否认与该国存在互惠关系。④ 不过,由于澳大利亚于1999年将韩国法院增补到该国愿意给予互惠的国家名单中,⑤本报告人认为,有理由期待韩国法院未来会认可韩国与澳大利亚之间存在互惠关系。

44. 鉴于一个下级法院在判例中认可韩国与英格兰之间存在互惠关系,⑥可以期待韩国法院认可韩国与其他尊崇英格兰路径的英联邦国家(澳大利亚除外)存在互惠关系。⑦ 尽管如此,韩国与英格兰(以及其他英联邦国家)之间是否存在互惠关系,还需要深入分析。

v. 公共政策

a. 标准的基本含义

45.《民事诉讼法》第217(1)(c)条规定:“综合实体方面与程序方面,承认外国判决须不得违反韩国的良好道德或其他社会秩序。”

---

① 71Da1391 (22 October 1971).

② 2002Da74213(28 October 2004).

③ 此外,韩国法院也认定,韩国与德国、英格兰、阿根廷、加拿大安大略省以及采纳了1962年《统一外国金钱判决承认法》的美国数州之间,在金钱判决领域存在互惠关系。

④ 85 Daka1767 (28 April 1987).

⑤ Foreign Judgments Regulations 1992 (Aust) Schedule.

⑥ 2009Gahap477(Tongyeong Branch of the Changwon District Court)(24 June 2010).

⑦ 本报告系指文莱、印度、马来西亚与新加坡。

b. 公共政策的实体方面

46. 最高法院于 1990 年指出,在决定是否承认和执行外国仲裁裁决时,韩国法院应当考虑国际交易稳定性的需要以及国内情况。① 这一表述在承认外国判决的语境下亦有作用。② 因此,一般认为,韩国法院将公共政策解释为“国际公共政策”,而不是“国内公共政策”。

47. 在决定公共政策的问题时,韩国法院可能会审查外国判决的原因,尽管韩国法院应当遵循不对案件再次进行实体审查的原则。③ 换言之,“实质性再审查”(*revision au fond*)是被禁止的,尽管韩国法院可以为确定承认外国判决的条件是否得到满足而就其实体问题进行审查。④

48. 在韩国,惩罚性或非补偿性的外国判决是否会被拒绝承认和执行并无统一标准。涉及惩罚性损害赔偿、3 倍赔偿或明显超高赔偿的判决,可以适用公共政策事项。

49. 韩国法律不允许与受害人实际损害并无关联的惩罚性或多倍赔偿。依据韩国法,损害赔偿系按受害人实际损失程度的比例计算的。此外,当侵权依据《国际私法》适用外国法时,如赔偿数额明显对赔偿受损害方不当,或显著超过受损害方应得到的合理赔偿,韩国法院不会对因侵权而生之损害赔偿作出判决。⑤ 与此相应,法院已经明确,承认惩罚性赔偿的外国判决会违反韩国的公共政策。⑥ 这一原则同样适用于给予 3 倍赔偿的外国判决,因为赔偿数额超过了受损害方的实际损失。但是,3 倍赔偿的概念于 2011 年被引入《转包合同交易公平法》⑦以及之后的其他制定法中。这一变化对韩国法院关于承认和执行判令 3 倍赔偿的外国判决的影响还有待观察。

50. 关于明显超高赔偿,如果外国判决的数额明显高于韩国法院在类似案件中作出的赔偿数额,承认该外国判决会被认为违反韩国的公共政策。一个 1995 年的案件涉及承认和执行明尼苏达州法院作出的以韩国公民为被告的判决,该判决判令被告赔偿 50 万美元的损害赔偿金(包括精神损害赔偿、人身伤

---

① 89Daka20252 (10 April 1990).

② Kwang Hyun Suk, *International Civil Procedure Law*(Korea: Pakyoungsa, 2012) at p 374.

③ Civil Procedure Act (Act No 12882, 30 December 2014) Art 27(1).

④ 94Daka1003(Supreme Court)(9 February 1988). 本案涉及外国仲裁裁决的承认。

⑤ Private International Law (Act No 13759, 19 January 2016) Arts 32(4).

⑥ 2007Gahap1076 (Pyeong Branch of the Suwon District Court)(24 April 2009).

⑦ Fair Transactions in Subcontracting Act (Act No 14143, 29 March 2016).

害赔偿、后续医疗费用、收入损失等),外加殴打、强奸原告而产生的合理赔偿。首尔地方法院东区分院认为,赔偿数额大大高于依据韩国法此类赔偿的数额。因而法院将在韩国可得到执行的赔偿数额削减50%,理由是承认和执行超出的25万美元会违背韩国的公共政策。① 该判决于1997年得到最高法院的支持。自那以后,多个下级法院遵循了这一方法。一般认为,对于赔偿数额明显过高的外国判决,韩国法院会以公共政策例外为依据仅承认部分判决。②

51. 不过,也应考虑《民事诉讼法》新增的第217bis(1)条对承认与执行赔偿数额明显过高的外国判决的影响。2014年引入的《民事诉讼法》第217bis(1)条明确规定,如果外国判决涉及损害赔偿的部分将产生明显违背韩国法律或韩国为缔约国的国际条约的基本原则的结果,韩国法院可以全部或部分拒绝承认该外国判决。《民事诉讼法》第217bis(2)条同时规定,在韩国法院适用第217bis(1)条的情况下,需要考虑外国法院作出的损害赔偿范围是否涵盖了法律成本,如律师费。③ 本报告人过去曾认为,第217bis条的目的是制定比公共政策方法更加清晰的标准,而非引入承认外国判决新的更加严格的要求。不过,最高法院近期认为,第217bis条适用于惩罚性外国判决,而不适用于给予实际损害赔偿的判决,损害赔偿的程度则在所不问。④ 因此,最高法院近期的判例与第217bis条的真实目的是否一致尚存争议。

c. 公共政策的程序方面

52. 依据正当程序概念,如果外国判决违背韩国的程序性公共政策,则其会被拒绝承认。换言之,应当被外国法院遵循的韩国法的根本性程序原则,如果被该外国的司法程序所违反,则该外国判决不会在韩国得到承认。2014年修订的《民事诉讼法》第217(1)(c)条明确要求法院考察作出外国判决的司法程序。

53. 如果庭审时外国法院没有为被告提供辩护的机会或没有适当的律师为其代理诉讼,那么,承认该外国判决会违反韩国的公共政策。不过,外国判决仅缺少推理,并不会违反韩国程序性公共政策。

---

① 92Gahap19069(10 February 1995).

② 99Gahap14496(Southern Branch of the Seoul District Court)(20 October 2000);2009Na67(Busan High Court)(23 July 2009).

③ 《民事诉讼法》第217bis(2)条仅要求,需要适当的考虑判决的损害赔偿是否涵盖了法律成本,如律师费。这一规定暗示,即便一项外国判决要求赔偿的数额明显高出实际损害,关于支付律师费的部分也可以得到执行。

④ 2015Da1284(15October 2015);2015Da207747(18 January 2016).

54. 最高法院认为,如果外国判决是经由程序性欺诈而取得的(如伪造的证据、虚假陈述以及对重要证据的蓄意排除等),则不得被承认和执行,理由是其违反了韩国的程序性公共政策。最高法院对此设定了一些条件,它宣布,只有在如下情形下才能拒绝承认和执行外国判决:被告无法在外国法院主张存在欺诈,并且应受惩罚的欺诈在韩国法院得到了明证。①

55. 如果外国判决与韩国法院就相同当事人和相同标的作出的判决相冲突,韩国法院应拒绝承认和执行之。关于此点,法律并无明文规定。不过,在一个不涉及财产权的案件中最高法院宣布,与韩国判决不一致的外国判决不会得到承认,因为承认之会违反韩国的程序性公共秩序。② 如果韩国法院面临两项相互冲突的外国判决,每一项均有权得到承认和执行,在先作出的外国判决优先,并应得到承认。③

---

① 2002Da74213(28 October 2004).

② 93Meu1051/1068(10 May 1994).

③ Kwang Hyun Suk, *International Civil Procedure Law*(Korea: Pakyoungsa, 2012) at p 394.

国别报告

泰　国

报告人：Poomintr Sooksripaisarnkit 教授
澳大利亚海事学院 海商法讲座教授
塔斯马尼亚大学

A. 导言

1. 与新加坡或者澳大利亚不同,泰国是大陆法系国家。这意味着泰国法律的主要渊源是成文法,法院判例只是成文法如何解释和适用的表现。泰国没有专门的成文法调整外国判决的承认与执行,尽管泰国自 1938 年(佛历 2481 年)[①]以来就有关于国际私法的成文法——《法律冲突法》。[②]

2. 在《法律冲突法》中,只有一条语义模糊且帮助不大的条文,可以在《法律冲突法》没有特别规定某一国际私法特定问题时用来填补空缺。该条为《法律冲突法》第 3 条,其规定如下:

> 在本法或泰国其他法律对某一冲突法事项没有规定时,适用国际私法的一般原则。

---

① 泰国使用的是佛教时代日历,比格列高利纪年早 543 年。比如公历 2017 年在泰国记为佛历 2560 年。

② 国务院办公室:《法律冲突法》(佛历 2481 年)[1938 年]: http://web. krisdika. go. th/data/outsitedata/outsite21/file/Act_on_Conflict_of_Law,_B. E._2481. pdf,最后访问日期:2016 年 11 月 28 日。

3. 因此，本报告将讨论的第一个问题是该第 3 条对泰国承认与执行外国判决的影响。之后，将讨论泰国法院在承认与执行外国判决时的总体态度。

B.《法律冲突法》第 3 条的影响

4. 迄今为止，泰国没有法院在涉及外国判决的案件中适用《法律冲突法》第 3 条。泰国学者对此条的解释也有不同看法。1984 年（佛历 2527 年）印大马巴亚在文章中认为，对该法第 3 条进行广义解释，认为它能适用于外国判决的承认与执行，但这与成文法解释中的目的性解释方法不一致。①

5. 这是因为《法律冲突法》的全部目的在于规定不同种类涉外案件的“连结点”。② 也就是说，《法律冲突法》主要提供确定准据法的方法。③ 与之相反，兰瑟颂认为，该法第 3 条规定的“国际私法的一般原则”可以在 1918 年泰国最高法院的第 585/2461 号判决中找到。④

6. 在苏力布罗的文章中，基于 1938 年（佛历 2481 年）举行的确立冲突法案件裁判标准专门委员会会议的报告——这份报告导致了《法律冲突法》的制定，他倾向于同意该法第 3 条的限制性解释，理由是《法律冲突法》的起草人没有考虑过外国判决的承认与执行，他们的意图是让泰国法院自主确定外国判决承认与执行的标准和规则。⑤

7. 笔者也倾向于同意苏力布罗的观点，因为所谓的“一般原则”，本来是指普遍接受的原则，但现在只有一个相关的案例，那么这个大家承认的一般原则是什么就有很大的疑问。尽管如此，泰国最高法院第 585/2461 号判决有多方面需要讨论。现在需要强调的是，至今为止还没有泰国的法院对《法律冲突法》第 3 条应该如何解释作出说明。

---

① Kanok Indrambraya, “Opinion and Observation on the Judicial Co-operation for the Recognition and Enforcement of Foreign Judgments”, (BE 2527) 31 (2) *Dulapaha Journal* 56, at 63 – 64.

② Kanok Indrambraya, “Opinion and Observation on the Judicial Co-operation for the Recognition and Enforcement of Foreign Judgments”, (BE 2527) 31 (2) *Dulapaha Journal* 56, at 63 – 64.

③ Kanok Indrambraya, “Opinion and Observation on the Judicial Co-operation for the Recognition and Enforcement of Foreign Judgments”, (BE 2527) 31 (2) *Dulapaha Journal* 56, at 63 – 64.

④ Sathitya Lengthaisong, “Enforcement of Foreign Judgments According to Thai Law”, (BE 2515) 4 (1) *Thammasat Law Journal* 76, at 80. For the discussion on the case, see para 8 *ff*.

⑤ Arnon Sriboonroj, “Recognition and Enforcement of Foreign Judgments in ASEAN” (a thesis submitted in partial fulfilment of the requirements for the Degree of Master of Laws International Law, Faculty of Law, Thammasat University, 2011), at 57.

C. 泰国法院对外国判决承认与执行的整体态度

8. 泰国最高法院的第585/2461号判决是泰国唯一一个直接有关外国判决承认与执行的判决。由于判决太过古早,笔者未能找到该判决的原泰文版本。但是该案例被泰国学者广泛引用。阿丽亚南塔卡概括该案的事实、引用该案判决理由如下:①

原告,一名越南公民,与被告,另一位越南人,签订了买卖合同,被告出售15辆三轮车和两辆自行车给原告。原告主张他已经支付被告货款,但是被告未能交付货物。合同在越南西贡签订,原告随后在西贡民事法院起诉被告,法院判决支持原告。当原告寻求执行西贡民事法院判决时,被告逃至泰国。暹罗(泰国旧称)最高法院认为:

"外国判决承认与执行背后的原则是国家之间的互相尊重。如果该判决是由有适当管辖权的法院作出的,暹罗法院会承认与执行该外国法院作出的判决。同时,判决关于案件的实体问题的决定必须是终局的、确定的。在本案中,原告、被告都是越南公民,因此,西贡民事法院对案件有适当的管辖权。但是,西贡民事法院的判决是缺席判决,原告不能证明越南民事诉讼法有关缺席判决是终局的、确定的。根据泰国1909年(佛历2452年)《民事诉讼法》规定,如果被告被法院缺席宣判,且判决对其不利,被告有权在判决作出之日起15日内提起新的诉讼。由于原告不能证明,暹罗法院将认为该缺席判决不是终局的和确定的。"

9. 如阿丽亚南塔克所说,该判决受到泰国学者的严厉批评,因为主审该案的法官从格雷律师学院毕业,并取得了英国大律师资格,因此,他的判决受到英国法的影响。很有可能该法官想到的是英国关于外国判决承认与执行的经典判例,但是问题在于这些英国判例是否获得世界范围内的认可,以至可以被认为阐明了广泛接受的国际私法的一般原则。②

---

① Vichai Ariyanuntaka, "Jurisdiction and Recognition and Enforcement of Foreign Judgments and Arbitral Awards: A Thai Perspective", http://www.coj.go.th/en/pdf/AlternativeDisputeResolution04.pdf, 最后访问日期:2017年2月8日。

② Vichai Ariyanuntaka, "Jurisdiction and Recognition and Enforcement of Foreign Judgments and Arbitral Awards: A Thai Perspective", http://www.coj.go.th/en/pdf/AlternativeDisputeResolution04.pdf, 最后访问日期:2017年2月8日。

10. 与此类似的是,尽管在不同事项上,根据 1928 年(佛历 2471 年)起生效的《泰国民商事法典》[①]第三编,第 868 条规定"海上保险合同由海商法调整"。但是泰国根本没有关于海上保险的法律。因此,泰国律师不得不引用《泰国民商事法典》第一编[1992 年(佛历 2535 年)修订]第 4 条,[②]该条规定:

本法适用于所有符合本法文字规定和法律精神的案件。如果没有条文可以适用时,可以通过类推适用最相近的条文来处理案件,若没有最相类似的条文,则适用一般法律原则。

11. 泰国最高法院在 7350/2537 号判决中认定,既然争议的海上保险单由英文写就,应该类推适用 1906 年《英国海上保险法》。[③] 赛苏索隆在她有关这一案件的评论中认为上述理由相当奇怪,更好的观点是把 1906 年《英国海上保险法》当作海上保险合同的"一般法律原则"。[④]

12. 把这种推理移植至外国判决的承认与执行上来,即使接受对《法律冲突法》第 3 条的广义解释,英国普通法关于外国判决承认与执行的法律原则也不可能被认为是"国际私法的一般原则",理由有两个。

13. 第一,不同于国际公法,国际私法的原则各国不同。第二,外国判决的执行大部分被法院认定为程序性事项,除非世界上法院关于外国判决执行的做法是一致的,否则很难找到这方面的国际私法一般原则。

14. 最近,外国判决的承认在泰国中央青少年与家庭法院 2551/2548 号判决中再次得到讨论。[⑤] 苏力布罗在其著作中很好地概括了该案的事实。[⑥] 原告,一位瑞典男性,起诉被告,一位泰国女性。原被告以夫妻名义一起共同生活,但没有缔结法律承认的婚姻,双方育有一名孩子。根据泰国法律,婚外所生

---

① 参见《泰国民商事法典》。

② 《民商事法典》第一编经由《民商事法典第一编修正条文法》(佛历 2535 年)修正。

③ 第 41 章。

④ See Phunthip Kanchanachittra-Saisoonthorn, "Note to the Supreme Court decision no 7350/2537", http://deka. supremecourt. or. th/search, 最后访问日期:2017 年 2 月 20 日。

⑤ 本文作者无法在泰国中央青少年家庭法院的网站或者其他地方找到该判决的链接。

⑥ Arnon Sriboonroj, "Recognition and Enforcement of Foreign Judgments in ASEAN" (a thesis submitted in partial fulfilment of the requirements for the Degree of Master of Laws International Law, Faculty of Law, Thammasat University, 2011), at 63 – 66 (translated).

孩子被认为是生母的合法子女。孩子生父并不是孩子法律意义上的合法父亲，对孩子没有任何权利。但是，生父对子女的权利可以通过法院判决得到合法化。[①]

15. 原告主张他是孩子的父亲，并于 1998 年(佛历 2541 年)在瑞典提出承认孩子合法化的申请，随后该儿童移居瑞典，由父母共同监护。

16. 接着，在斯德哥尔摩法院的诉讼中，被告(妻子)拐带了孩子，没有通知原告(丈夫)就把孩子带往泰国，原告因此不能联系到孩子。2003 年 11 月 14 日(佛历 2546 年)斯德哥尔摩法院作出缺席判决，授予原告即丈夫拥有孩子的单独监护权。在泰国中央青少年与家庭法院，原告要求法院命令被告将孩子还给原告。[②]

17. 被告主张原告并没有根据泰国法申请承认孩子的合法地位，仅仅根据瑞典法提出了申请。因此根据泰国法，孩子不能认定为丈夫的合法子女。[③] 另外，瑞典的判决是缺席判决，被告主张她没有机会充分地主张自己的权利，因此该判决不能在泰国承认与执行。另外，她主张泰国并没有关于外国判决承认与执行的法律。[④]

18. 泰国中央青少年与家庭法院援引《法律冲突法》第 5 条、[⑤]第 31 条、[⑥]第 33 条，[⑦]认定斯德哥尔摩法院的判决是由有适当管辖权的法院作出的，这一点

---

① 《民商事法典》第 1547 节。

② Arnon Sriboonroj, "Recognition and Enforcement of Foreign Judgments in ASEAN" (a thesis submitted in partial fulfilment of the requirements for the Degree of Master of Laws International Law, Faculty of Law, Thammasat University, 2011), at 63 (translated).

③ Arnon Sriboonroj, "Recognition and Enforcement of Foreign Judgments in ASEAN" (a thesis submitted in partial fulfilment of the requirements for the Degree of Master of Laws International Law, Faculty of Law, Thammasat University, 2011), at 63 (translated).

④ Arnon Sriboonroj, "Recognition and Enforcement of Foreign Judgments in ASEAN" (a thesis submitted in partial fulfilment of the requirements for the Degree of Master of Laws International Law, Faculty of Law, Thammasat University, 2011), at 64 (translated).

⑤ 《法律冲突法》第 5 条(佛历 2481)[1938 年]规定：无论何时适用外国法律，都不能违背暹罗的公共政策或善良道德。

⑥ 《法律冲突法》第 31 条(佛历 2481)[1938 年]规定：子女的准正由准正时父亲的国籍国法调整，如果要求准正时父亲死亡，由父亲死亡时的国籍国法调整。

⑦ 《法律冲突法》第 33 条(佛历 2481)[1938 年]：亲权的剥夺由判定剥夺亲权的法院所属地国法律调整。

本案的被告也承认。[①] 被告也承认斯德哥尔摩的判决是终局性的。[②] 关于儿童合法化和监护权的法律旨在保护孩子的利益。因此,斯德哥尔摩法院作出的判决与泰国的公共政策或善良道德不相违背。因此,泰国法院裁定根据斯德哥尔摩法院的判决,原告拥有孩子的单独监护权,本案的原告有权起诉被告,申请要求返还孩子的命令。[③]

19. 苏力布罗观察到,泰国中央青少年与家庭法院采用了类似最高院 585/2461 号判决中的方法,即外国判决必须:

(a)由有适当管辖权的法院作出;

(b)是终局性的、确定性的,并且;

(c)不与法院地国的公共政策或善良道德相违背。[④]

20. 但是,苏力布罗还认为,在本案中,泰国法院仅仅承认了斯德哥尔摩法院的判决作为证据,泰国法院可能假定《法律冲突法》第 3 条并没有授予泰国法院承认与执行外国判决的权力,因此,实践中,泰国法院承认外国判决的能力受到限制,因为外国判决在案件中只能作为可采纳的证据。

D. 结论

21. 由于泰国没有外国判决承认与执行的法律,取得外国判决的诉讼当事人需要在泰国法院重新进行诉讼。如果外国判决满足下列条件,则可以作为证据得到法院的考量。这些条件包括:判决由具有适当管辖权的法院作出,判决是终局性和确定性的(注意缺席判决可能不是"终局"),判决不违背泰国公共政策或善良道德。

---

① 本报告人无法在中央青少年及家庭法院的网站上或其他地方找到该原始判决的链接,因此本报告人不清楚被告为什么认可法院具有适当管辖权。

② 本报告人无法在中央青少年及家庭法院的网站上或其他地方找到该原始判决的链接,因此本报告人不清楚被告承认斯德哥尔摩的判决是终局性的。

③ Arnon Sriboonroj, "Recognition and Enforcement of Foreign Judgments in ASEAN" (a thesis submitted in partial fulfilment of the requirements for the Degree of Master of Laws International Law, Faculty of Law, Thammasat University, 2011), at 65 - 66 (translated).

④ 从描述 585/2461 判决的泰文二手资料来看,法院在该案中并没有考虑法院地的公共政策和善良道德。

国别报告

越　南

报告人：Ngoc Bích Du 博士
胡志明市开放大学法学院院长
仲裁员（PIAC 越南）

A. 导言

1. 越南遵循大陆法传统,因此法典和法律文本是主要的法律渊源。但是,“先例”的概念最近为 2014 年《人民法院组织法》[①](Law on Organisation of People's Courts,LOPC)采用。据此,最高法院将会选择和公布“先例”以指导下级法院。

2. 承认与执行外国判决主要由 2015 年《民事诉讼法典》[②](Civil Procedure Code,以下简称 2015CPC)调整。根据 2015CPC,越南将会在三种情形下承认与执行外国判决:(a)按照国际条约;(b)根据互惠原则;以及(c)按照越南法律承认与执行的其他外国法院判决或裁定。[③] 第三种情形是按照规定有关外国判决承认与

---

① 《人民法院组织法》(No. 62/2014/QH13)第 22(1)(c)条。

② 《民事诉讼法典》(No 92/2015/QH13)(2015CPC)。在此之前,承认与执行外国判决由 1993 年承认与执行外国判决条例调整,该条例为《民事诉讼法典》废除(No 24/2004/QH11),后来又被 2015CPC 取代。

在越南没有外国判决的登记程序,于是判决债权人将不得不重新提起诉讼以承认与执行外国判决。登记程序只适用于有关外国家庭事项的非执行判决或裁定。

③ 《民事诉讼法典》[No 92/2015/HQ13 Art 423 (1)]。

执行的其他法典或法律。不过,截至目前,只有 2014 年《婚姻和家庭法》[①]规定通过登记承认外国有关家庭事项非执行判决或裁定,[②]因此不在本报告范畴内。所以,以下内容聚焦 2015CPC 的规定和越南的实践。

B. 根据条约承认与执行

3. 越南与下列国家签署有法律协助双边协定,这些协定也调整双边协定的两个签署国法院判决的相互承认与执行。

(a)捷克斯洛伐克社会主义共和国(1982 年 10 月 12 日签署),现在捷克与斯洛伐克两国均继承该协定;[③]

(b)古巴(1984 年 11 月 30 日签署);[④]

(c)匈牙利(1985 年 1 月 18 日签署);[⑤]

(d)保加利亚(1986 年 10 月 3 日签署);[⑥]

(e)波兰(1993 年 3 月 23 日签署);[⑦]

(f)俄罗斯(1998 年 8 月 25 日签署);[⑧]

(g)老挝(1998 年 7 月 6 日签署);[⑨]

(h)中国(1998 年 10 月 19 日签署);[⑩]

(i)法国(1999 年 2 月 24 日签署);[⑪]

(j)乌克兰(2000 年 4 月 6 日签署);[⑫]

---

① No 52/2014/QH13.

② 《婚姻和家庭法》(No 52/2014/QH13)第 125 条。

③ 《越南社会主义共和国和捷克与斯洛伐克社会主义共和国关于民刑事事项相互协助和管辖权的协定》。

④ 《越南社会主义共和国和古巴共和国关于民事家庭劳动和刑事事项相互协助的协定》。

⑤ 《越南社会主义共和国和匈牙利人民共和国关于民事家庭和刑事事项相互协助的协定》。

⑥ 《越南社会主义共和国和保加利亚人民共和国关于民事家庭和刑事事项相互协助的协定》。

⑦ 《越南社会主义共和国和波兰共和国关于民事家庭和刑事事项相互协助的协定》。

⑧ 《越南社会主义共和国和俄罗斯联邦关于民刑事事项相互协助和管辖权的协定》。

⑨ 《越南社会主义共和国和老挝人民民主共和国关于民刑事事项法律协助的双边协定》(1998 年 7 月 6 日签署,1999 年 6 月 3 日越南批准)("老挝双边条约")。

⑩ 《越南社会主义共和国和中华人民共和国关于民刑事事项法律协助的双边协定》(1998 年 10 月 19 日签署,1999 年 6 月 30 日越南批准)。

⑪ 《越南社会主义共和国和法兰西共和国关于民事事项相互协助的协定》。

⑫ 《越南社会主义共和国和乌克兰关于民刑事事项相互协助的协定》。

(k)蒙古(2000年4月17日签署);[①]

(l)白俄罗斯(2000年9月14日签署);[②]

(m)阿尔及利亚(2010年4月14日签署);[③]

(n)哈萨克斯坦(2011年10月31日签署);[④]以及

(o)柬埔寨(2013年1月21日签署)。[⑤]

另外,越南正在与印度谈判有关法律协助的双边协定。[⑥]

4. 承认与执行来自与越南签订有条约的国家判决的条件由这些条约规定。[⑦] 这些条件因条约不同而不同。因本报告只聚焦于东盟国家以及5个其他国家(澳大利亚、中国、印度、日本和韩国)法院作出的外国判决,本部分将检讨柬埔寨、中国和老挝法院作出的判决的承认与执行。

i. 与柬埔寨的双边协定

5.《越南社会主义共和国和柬埔寨王国关于民事事项法律协助的协定》[⑧](以下简称柬埔寨双边条约)既包括婚姻家庭法领域的只需要承认不涉及资产或任何执行事项的非执行判决,也包括需要承认和执行的可执行判决。可执行判决包括:对人判决和对物判决,以及金钱和非金钱判决。[⑨]

6. 承认与执行可执行判决有特别程序。[⑩] 如果符合以下条件,柬埔寨任何法院的民商事可执行判决在越南将得到承认与执行:[⑪]

---

① 《越南社会主义共和国和蒙古关于民事家庭刑事事项相互协助的协定》。

② 《越南社会主义共和国和白俄罗斯共和国关于民事家庭劳动和刑事事项相互协助的协定》。

③ 《越南社会主义共和国和阿尔及利亚人民民主共和国关于民商事事项相互协助的协定》。

④ 《越南社会主义共和国和哈萨克斯坦共和国关于民事事项法律协助的双边协定》。

⑤ 《越南社会主义共和国和柬埔寨王国关于民事事项法律协助的协定》(2013年1月21日签署,2014年10月9日生效)("柬埔寨双边协定")。

⑥ 参见国家主席关于越南和印度谈判民事事项法律协助的双边协定的第2258/QD-CTN号决定(2014年9月11日)。无法获得该双边协定草案,本报告人对何时该双边协定将会生效一无所知。

⑦ 《民事程序法》(No 92/2015/QH13)第439(1)条。

⑧ 2013年1月21日签署,2014年10月9日生效。

⑨ 柬埔寨双边协定第20条、第21条。

⑩ 通常,根据柬埔寨双边协定承认有关婚姻或家庭法的非执行判决不需要特别程序。但是,反对承认判决的当事人可以提起不承认的程序,如果判决具有柬埔寨双边协定第20条规定的事由之一。

⑪ 柬埔寨双边协定第22条。就本报告人所知,尚无任何案件涉及这些条件的解释。

(a)按照越南法,案件不属于越南法院的专属管辖权;

(b)根据柬埔寨法律当事人被合法地传唤或者宣布缺席;

(c)判决已经发生法律效力并且按照柬埔寨法律仍可执行;

(d)不存在针对同一争议已经发生法律效力的越南判决或任何已经在越南得到承认的其他外国法院判决,或者案件尚未被受理或正在由越南法院审理;以及

(e)承认与执行判决和如此承认与执行判决的结果不违反越南法律的根本原则和公共政策。"根本原则"主要是越南法典和法律使用的术语,而"公共政策"是更常见于国际条约的术语。在越南法下,它们具有相似的含义。

ii 与中国的双边协定

7.《越南社会主义共和国和中华人民共和国关于民刑事事项法律协助的双边协定》[①](以下简称中国双边条约)规定中国法院的民商事判决(可执行判决或非执行判决)如具有下列情形之一,不得被承认与执行:[②]

(a)根据中国法律,该判决尚未生效或不能执行;

(b)根据中国双边条约第17条的规定,作出判决的中国法院无管辖权;

(c)根据中国的法律,在缺席判决的情况下,判决债务人未经合法传唤;或者无诉讼行为能力的当事人未得到合法代理;或

(d)越南法院对于同一争议已经作出了生效判决,或者另一外国法院判决已经在越南承认,或案件已经为越南法院受理。

iii. 与老挝的双边协定

8.《越南社会主义共和国和老挝共和国关于民刑事事项法律协助的双边协定》[③](以下简称老挝双边条约)规定下列条件[④]下承认与执行老挝法院的民商事判决[⑤](包括可执行判决和非可执行判决):

(a)根据老挝法律,该判决已经生效并可以执行;

(b)判决是由根据老挝双边条约规定或者根据越南法律有管辖权的老挝法院作出;

---

① 1998年10月19日签署,1999年6月30日越南批准。

② 中国双边条约第17条。就本报告人所知,尚无关于解释这些条件的任何案件。

③ 1998年7月6日签署,1999年6月3日越南批准。

④ 就本报告人所知,尚无关于解释这些条件的任何案件。

⑤ 老挝双边条约第45条。

(c)判决不违反越南法律,或者越南没有承认与执行针对同一争议的另一外国判决,或者越南法院没有受理或审理该案;

(d) 当事人及其合法代理人已经参加诉讼程序,并且他们的程序性权利得到保障;以及

(e)承认与执行老挝判决不侵犯越南主权和国家安全或不违反越南法律的根本原则。

C. 非根据条约承认与执行外国判决

i. 互惠

9. 除了根据上述所列条约(承认与执行)判决外,越南也将会根据互惠承认与执行其他国家的民商事判决。[①] 2015CPC 第 432(1)(b)条明确规定,非条约判决可以根据互惠原则得到承认与执行。但是,关于如何在越南适用这一原则并不清楚。

10. 2007 年《法律协助法》[②]规定外交部负责并必须与其他有关国家机关协调决定与其他国家有关的法律协助中的互惠原则的适用。每 6 个月和每年,外交部须通知司法部与其他国家法律协助中的互惠原则的适用情况。[③] 不过到目前为止,并未这样做。

11. 越南法院在何时适用互惠原则的一个例子是 Choongnam Spinning v E&T Company[④] 一案。

12. 在 Choongnam Spinning 案中, Choongnam 纺织有限公司(一家韩国实体)与 Viet Thang 纺织公司(一家越南实体)于 1992 年创办一家合作公司 Choongnam Viet Thang 有限公司(一家越南实体)。1998 年 3 月 Choongnam 纺

---

① 《民事诉讼法典》(No 92/2015. QH13)第 423(1)(b)条取代《民事诉讼法典》(No 24/2004/QH11)第 343(1)条。

② No 08/2007/QH12 (2007 年 11 月 21 日通过,2008 年 7 月 1 日生效)。

③ 《法律协助法》(No 08/2007/QH12)第 66 条。

④ 第 2083/2007/Q Đ ST-KDTM 号裁定 (胡志明市人民法院)、第 62/2008/QDKDTM-PT 号裁定(胡志明市最高人民法院上诉庭)。应该注意的是,互惠原则在《民事诉讼法典》(No 24/2004/QH11)中首次作为一个条件得到规定。据本报告人所知,除了 *Choongnam Spinning v E&T Company* 第 No 62/2008/QDKDTM-PT 裁定,尚无任何其他案件适用过互惠原则。在《民事诉讼法典》(No 24/2004/QH11)之前,越南法律只根据条约承认与执行外国判决。曾经有一些非条约判决的承认与执行的申请,但均未成功。例如,1998 年曾经有一个申请承认与执行新加坡高等法院 1998 年 1 月 16 日一个判决的诉讼(No 600/1998);2001 年,有一个承认与执行中国台湾地区 No 630/2001 判决的申请。

织有限公司向 Yonho(一家韩国实体)转让其在 Choongnam Viet Thang 有限公司中的 35% 股份,Yonho 随后又将其股份转让给 E&T(一家韩国实体)。2002 年 Choongnam 纺织有限公司在韩国进入破产程序,韩国大田高等法院对该案①作出一个判决,判明 Choongnam 纺织有限公司转让股份给 Yonho 以及 Yonho 转让股份给 E&T 是抽逃资产,因此转让无效,E&T 不得不将股份及利息转回给 Choongnam 纺织有限公司。

13. Choongnam 纺织有限公司要求胡志明市初审法院承认与执行大田高等法院的判决。胡志明市初审法院认为:②

> 根据韩国法律,2004 Na 10655 号判决已经发生法律效力,而且它不存在第 356 条(列举外国法院判决在越南不能得到承认与执行的情形)、第 411 条(列举越南法院专属管辖权)规定的情形。

14. 胡志明市最高院上诉法庭驳回了 E&T 的上诉,承认与执行了大田高等法院的判决,理由与初审法院相同。③

15. 越南和韩国没有签署任何有关两国判决承认与执行的条约。因此报告人认为,越南法院运用了互惠原则以便承认与执行韩国判决,尽管裁定中并无明确阐述。

16. 由 Choongnam Spinning 案看,越南法院似乎一般将会适用互惠原则。该案说明:如果一项外国判决已经发生法律效力,不存在在越南不得承认与执行的情形并且不属于越南的专属管辖,它就会在越南得到承认与执行。但是,因承认与执行外国民商事判决的实践有限,④尚不清楚 Choongnam Spinning 案是否会构成先例。

17. 应该注意 Choongnam Spinning 案于 2008 年作出判决,当时 2004 年《民事诉讼法典》⑤(以下简称 2004CPC)还有效。初审法院和上诉法院均根据 2004CPC 第 356 条作出裁定,这条规定了何种情形下在越南不得承认与执行非

---

① No 2004 Na 10655.

② 第 2083/2007/Q Đ ST-KDTM 号裁定。《民事诉讼法典》(No 92/2015/QH13)第 439 条、第 470 条取代《民事诉讼法典》(No 24/2004/QH11)第 356 条、第 411 条。

③ 第 62/2008/QDKDTM-PT 号裁定。

④ 相反,许多有关婚姻家庭事项的非执行判决和裁定已经在越南得到登记(承认)。

⑤ 《民事诉讼法典》(No 24/2004/QH11)。

条约外国判决。这些条件与2015CPC第439条稍有不同。不过,差异不大,而且本报告人仍认为:如果外国判决已经发生法律效力,不存在在越南不能承认与执行的情形,并且不属于越南的专属管辖,它将会得到承认与执行,这一点保持不变。

ii. 在越南可被承认与执行的判决类型

a. 对人判决

18. 越南承认与执行外国民事判决包括民事、婚姻、家庭、贸易、商业及劳动事项,以及外国刑事和行政判决或裁定中有关财产的裁定。① 外国刑事和行政判决或裁定中有关财产的裁定,指裁定中可向私当事人支付的财产(金钱)部分。因而,根据外国惩罚性、税收或其他公法向公共机构支付的赔偿裁决,被排除在承认与执行之外。对于承认与执行刑事或行政判决或裁定中的金钱部分,法律没有任何限制。

19. 与根据双边条约相似,2015CPC将外国判决分为非执行判决(只要求承认不涉及财产或借助任何执行方式)和可执行判决(需要承认与执行)。② 可执行判决,按照本报告人的意见,③可以包括对人判决和对物判决以及金钱和非金钱判决。利息可以被承认与执行,如果外国判决或裁定对此有明确表述。④

20. 越南允许承认非金钱判决包括宣告性(确认)裁定或者实际履行的裁定,如Choongnam Spinning案中所见。如果永久性禁令已经发生法律效力并且是终局的,那么禁令在越南可得到执行。但是,根据外国法院所在国法律已经发生法律效力但非终局的初步禁令如外国资产冻结令,是否可在越南得到承认与执行,尚不明确,因为无论是双边条约还是2015CPC对此均未予以明确。

b. 对物判决

21. 越南允许承认与执行外国财产判决。⑤ 如果外国判决涉及位于越南的

---

① 《民事诉讼法典》(No 92/2015/QH13)第423条。

② 《民事诉讼法典》(No 92/2015/QH13)对于承认与执行外国可执行判决或裁定(第36章第1节),不承认外国可执行判决(第36章第2节)规定有专门程序;对于不承认非执行判决或裁定(第36章第3节)规定有专门程序。

③ 越南法律中没有对人判决或者对物判决这一术语。

④ 《民事诉讼法典》(No 92/2015/QH13)第438(4)条规定,法官在考虑外国判决承认与执行的申请时,将不会审查案件的实体问题。因此,只要外国判决或裁定中明确载明了利息的数额,在越南就可以得到承认与执行。参见Choongnam Spinning v E&T Company第2083/2007/Q Đ ST-KDTM号裁定(胡志明市人民法院),第62/2008/QDKDTM-PT号裁定(最高人民法院)。

⑤ 《民事诉讼法典》(No 92/2015/QH13)第423条。

不动产,在越南不能得到承认与执行,在这类案件中,按照2015CPC第440条规定,外国法院将没有管辖权,因为根据2015CPC第470(1)(a)条规定,案件属于越南法院专属管辖。

22.拒绝承认与执行外国财产判决的理由与适用于外国对人判决的理由相同。①

iii.非根据条约,越南法院必须拒绝承认与执行外国判决的情形

23.2015CPC第439条规定非根据条约,越南法院必须拒绝承认与执行外国判决的情形:

a.外国程序的终局性

24.如果一项外国判决根据外国法院本国法律尚未发生法律效力,越南法院不得承认与执行该外国判决。②

25.只要外国判决根据外国法律已经发生法律效力,该外国判决可得到承认与执行。因此,越南法院是否会因外国判决可被上诉至外国法院体系中的上一级法院而拒绝承认与执行外国判决,取决于外国法院本国有关自己判决法律效力的法律。例如,已经发生法律效力的普通法国家一审法院判决在越南可以得到承认与执行,尽管判决可被上诉至上级法院。可以确定的是,一项已经发生法律效力的终局判决,包括缺席判决,③在越南可得到承认与执行,但关于中间判决,观点不明,因为无论是双边条约还是2015CPC都没有规定承认与执行中间判决或临时紧急措施。

b.正当程序

26.如果判决债务人或其合法代理人,根据外国法院所属国法律规定,因未被合法传唤或外国法院文件没有在合理期限内送达给他们而缺席法庭程序,并因此未能行使自我抗辩的权利,越南法院必须拒绝承认与执行外国判决。④

c.外国法院的管辖权

27.如果外国法院对案件没有管辖权,越南法院必须拒绝承认与执行外国法院判决。⑤ 外国法院是否有管辖权应按照越南法律,特别是2015CPC第440

---

① 《民事诉讼法典》(No 92/2015/QH13)第439条和第449(2)条。

② 《民事诉讼法典》(No 92/2015/QH13)第439(2)条。

③ 法律对此未作明确规定,但是,在越南,毫无疑问,已经发生法律效力的缺席判决也将是可执行的。

④ 《民事诉讼法典》(No 92/2015/QH13)第439(3)条。

⑤ 《民事诉讼法典》(No 92/2015/QH13)第439(4)条。

条予以认定。①

28. 2015CPC 第 440 条规定，任何外国法院，其作出的判决或裁定正在越南被考虑承认与执行，将在下列情形下对处理民事案件有管辖权：

(a)该民事案件不属于 2015CPC 第 470 条规定的越南法院专属管辖。

(b)该民事案件属于 2015CPC 第 469 条规定的案件，但适用下列条件之一：

(i)被告参加了口头辩论，没有对该外国法院的管辖权提出异议；

(ii)对该民事案件没有第三国的判决或裁定已经为越南法院承认与执行；或

(iii)该民事案件在为越南法院受理之前已经为外国法院受理。

29. 考虑到商业背景，2015CPC 第 470(1)(a)条和第 470(1)(c)条规定，越南法院在下列情形下对涉外民事诉讼具有专属管辖权：

(a)民事诉讼涉及在越南领土的不动产权利；以及

(b)按照越南法律或者越南社会主义共和国签署的条约，②允许当事人选择越南法院作为解决争议法院，并且当事人同意选择越南法院的其他民事诉讼。

30. 2015CPC 第 469(1)条规定越南法院处理涉外民事案件的管辖依据。与商事案件有关的依据有：

(a)被告为在越南长期居住、工作或生活的个人；

(b)被告为管理中心在越南的机构或组织，或被告为在越南有分支机构或代表处的机构或组织，案件与分支机构或代表处在越南的运营有关。

(c)被告在越南有财产；

(d)离婚案件的原告或者被告为越南公民或者涉及的当事人为长期在越南居住、工作或生活的外国人；

(e)与在越南设立、变更或者消灭的民事关系有关的民事诉讼，诉讼标的物位于越南或者行为地在越南的民事诉讼；

---

① 《民事诉讼法典》(No 92/2015/QH13)第 439(4)条。

② “条约”是指以越南社会主义共和国国家或政府的名义与外国缔约方书面缔结的，产生、变更或消灭越南社会主义共和国国际法下权利与义务的协议，无论其名称为何，如条约、公约、协议、盟约、协定、议定书、谅解备忘录、记录或者其他名称；条约法(No 8/2016/QH13)第 2(1)条。在管辖权背景下，该术语适用于法律协助的双边协定。

(f)与在越南境外设立、变更或消灭的民事关系有关,但涉及越南机构、组织和个人的权利与义务,或者涉及在越南设立管理中心或居住在越南的机构、组织和个人的权利与义务的民事案件。

d. 违反协议

31. 根据越南法律或越南社会主义共和国签署的国际条约,允许当事人选择越南法院作为争议解决法院并且当事人同意选择了越南法院,该法律诉讼将属于越南法院的专属管辖权。①

32. 根据2015CPC第440条规定,外国法院在此种案件中没有管辖权,并且,因此而作出的任何外国判决(其作出违反选择越南法院协议)在越南将不会得到承认与执行。② 对赋予越南法院非排他性管辖权的条款,是否将被认为属于越南法院的专属管辖,与排他性管辖相反,法律未予以明确。

但是,本报告人认为,如果法院选择条款只选择了越南法院,并未提及由他国法院审理案件的可能性(无论条款是否使用"排他性"这一术语),将会被认为赋予越南法院专属管辖权。

33. 涉及第三国法院的法院选择协议情况不明确。确定外国法院管辖权的2015CPC第440条、第469条、第470条,未规定越南法院拒绝承认与执行违反选择第三国法院协议作出的外国判决的事由。

34. 2005年6月30日海牙《选择法院协议公约》在越南受到表示支持签署公约的学者们③的讨论。但尚无任何迹象表明越南政府已做好签署的准备。

e. 既判力

35. 如果案件已经为越南法院发生法律效力的民事判决或裁定处理,或者在外国法院受理案件之前,案件已为越南法院受理并正在审理中,越南法院必须拒绝承认与执行外国判决。④

36. 根据2015CPC,如果一项判决与已经在越南承认与执行的第三国判决

---

① 《民事诉讼法典》(No 92/2015/QH13)第470(1)(c)条。

② 《民事诉讼法典》(No 92/2015/QH13)第349(4)条。

③ 参见Ngoc Bich Du,"Changing the Approach on Regulation of Recognition and Enforcement of Foreign Judgements in Civil and Commencial Matters"(2008) 23 *Journal of the Supreme Court* 2 and Manh Dung Nguyen,"Enforcement of Foreign Judgments and Anbitnal Awards" at http://dzungsrt.com/wp-content/ uploads/2015/03/03142016tham-luan-ACJM-2Final-1.pdf,最后访问日期:2017年8月10日。

④ 《民事诉讼法典》(No 92/2015/QH13)第439(5)条。

冲突,越南法院必须拒绝承认与执行该外国判决。① 法律没有预见越南法院面临两个相互冲突的外国判决,而每一判决均有权获得承认与执行的情形。本报告人认为,先申请承认与执行的外国判决有优先权。

f. 可执行性

37. 如果外国法院本国法律或者越南法律规定的有关民事判决执行期限已过,则该外国判决不能在越南获得承认与执行。②

g. 撤销或终止

38. 如果判决作出国已经撤销或终止该判决的执行,则该外国判决在越南不能得到承认与执行。③

h. 公共政策

39. 如果"在越南承认与执行外国法院民事判决/裁定违反越南法律基本原则",越南法院必须拒绝承认与执行外国法院判决。④ 根据越南法律,法律原则的依据体现在2013年《越南社会主义共和国宪法》、⑤2015年《民法典》、⑥2005年《商法》⑦和其他法典与法律中。

40. 对外国判决如何运用公共政策这一条件尚无官方指南或实践。但是,有一些越南法院裁定基于相同条件已经拒绝承认与执行外国仲裁裁决,如Tyco service v Leighton Contractors 案、⑧Energo-novus, Moscow v Vinatex,⑨Kyunggi Silk Co. Ltd. v Viseri 案、⑩Kurihara Kogyo Ltd. v Cong ty lien doanh TNHH Ha

---

① 《民事诉讼法典》(No 92/2015/QH13)第439(5)条。

② 《民事诉讼法典》(No 92/2015/QH13)第439(6)条。参见2008年《民事判决执行法》(No 26/2008/QH12)("LECJ")和修正与补充《民事判决执行法》一系列条款的2014年法律(No64/2014/QH13)("修正法律")。根据2008年LECJ第30条和2014年修正法律,判决执行期限为5年,从判决发生法律效力开始起算。

③ 《民事诉讼法典》(No 92/2015/QH13)第439(7)条。

④ 《民事诉讼法典》(No 92/2015/QH13)第439(8)条。

⑤ 参见《越南社会主义共和国宪法》(2013年11月28日通过,2014年1月1日生效)。

⑥ No 91/2015/QH13.

⑦ No 36/2005/QH11.

⑧ 判决第82/QD – XDTT号(2002年5月23日)(初审法院,胡志明市)和判决第02/PTDS号(2003年1月23日)(上诉法院,胡志明市)。

⑨ 判决第02/ST号(1997年11月18日)(初审法院,胡志明市)和判决第59/KTPT号(1998年6月4日)(上诉法院,河内市)。

⑩ 判决第01/YCCN号(2001年7月23日)(初审法院,林同省)。

Noi 案。[①] 在这些案件中，越南法院经常审查案件的实体，如果案件中所适用的法律与越南法律不同，法院将会拒绝承认与执行外国仲裁裁决，因为“承认与执行外国仲裁裁决违反越南法律基本原则”。[②] 但是，审查外国仲裁裁决实体的实践最近已经受到限制，[③]并且更多的外国仲裁裁决已经在越南得到承认与执行。再者，在 Choongnam Spinning 案中，越南法院未审查案件实体并且没有提出韩国法律是否违反越南法律基本原则的问题。

iv. 不审查案件实体

41. 在决定是否承认与执行外国判决时，越南法院不得审查外国法院判决实体。法院仅有权检查和比较外国法院民事判决或裁定以及附件文件是否违反 2015CPC 和其他越南法律的相关规定，以形成发布裁定的依据以承认与执行该判决或裁定。[④]

42. 因此，越南法院不能因为外国法院认定事实错误或适用法律错误或者两者均有错误，而拒绝承认与执行外国判决，越南法院也不会考虑欺诈的指控（无论何种形式）是否曾经在外国法院提出。

---

① 判决第 01/QD 号（2001 年 9 月 21 日）（初审法院，河内市）。

② *Tyco Service v Leighton Contractors* 案的判决 No 82/QD – XDTT（2002 年 5 月 23 日）（初审法院，胡志明市）和判决 No 02/PTDS（2003 年 1 月 21 日）（上诉法院，胡志明市）。*Energo-novus*, *Moscow v Vinatex* 案的判决 No 02/ST（1997 年 11 月 18 日）（初审法院，河内市）和判决 No 59/KTPT（1998 年 6 月 4 日）（上诉法院，河内市）。

③ 参见最高法院官方特别公报 No 246/TANDTC – KT（2014 年 6 月 25 日），最高法院，除其他事项外，强调在承认与执行外国仲裁裁决程序中，法院不得审查案件的实体。

④ 《民事诉讼法典》（No 92/2015/QH13）第 438（4）条。

图书在版编目(CIP)数据

外国判决在亚洲的承认与执行 / (新加坡) 张瑞苓主持 ; 郭玉军等译. -- 北京 : 法律出版社, 2020
(国际法文库 / 黄进主编)
书名原文: Recognition and Enforcement of Foreign Judgments in Asia
ISBN 978-7-5197-4024-5

Ⅰ. ①外… Ⅱ. ①张… ②郭… Ⅲ. ①外国法院判决效力-研究-亚洲 Ⅳ. ①D997.3

中国版本图书馆 CIP 数据核字(2019)第 248694 号

外国判决在亚洲的承认与执行
WAIGUO PANJUE ZAI YAZHOU DE CHENGREN YU ZHIXING

[新加坡]张瑞苓 主持
郭玉军 等译

策划编辑 沈小英
责任编辑 刘晓萌
装帧设计 李 瞻

出版 法律出版社
总发行 中国法律图书有限公司
经销 新华书店
印刷 固安华明印业有限公司
责任校对 杨锦华
责任印制 吕亚莉

编辑统筹 法治与经济出版分社
开本 710 毫米×1000 毫米 1/16
印张 10.25
字数 166 千
版本 2020 年 5 月第 1 版
印次 2020 年 5 月第 1 次印刷

法律出版社/北京市丰台区莲花池西里 7 号(100073)
网址/www.lawpress.com.cn
投稿邮箱/info@lawpress.com.cn
举报维权邮箱/jbwq@lawpress.com.cn
销售热线/400-660-8393
咨询电话/010-63939796

中国法律图书有限公司/北京市丰台区莲花池西里 7 号(100073)
全国各地中法图分、子公司销售电话:
统一销售客服/400-660-8393/6393
第一法律书店/010-83938432/8433　西安分公司/029-85330678　重庆分公司/023-67453036
上海分公司/021-62071639/1636　深圳分公司/0755-83072995

书号:ISBN 978-7-5197-4024-5　**定价**:80.00 元
(如有缺页或倒装,中国法律图书有限公司负责退换)